LUGAR DE NEGRO, LUGAR DE BRANCO?
Esboço para uma crítica à metafísica racial

copyright Hedra
edição brasileira© Hedra 2019

primeira edição Primeira edição
edição Jorge Sallum
coedição Felipe Musetti
assistência editorial Luca Jinkings e Paulo Henrique Pompermaier
capa Ronaldo Alves
ISBN 978-85-7715-596-5
corpo editorial Adriano Scatolin,
Antonio Valverde,
Caio Gagliardi,
Jorge Sallum,
Oliver Tolle,
Renato Ambrosio,
Ricardo Musse,
Ricardo Valle,
Silvio Rosa Filho,
Tales Ab'Saber,
Tâmis Parron

Grafia atualizada segundo o Acordo Ortográfico da Língua Portuguesa de 1990, em vigor no Brasil desde 2009.

Direitos reservados em língua portuguesa somente para o Brasil

EDITORA HEDRA LTDA.
R. Fradique Coutinho, 1.139 (subsolo)
05416-011, São Paulo-SP, Brasil
Telefone/Fax +55 11 3097 8304

editora@hedra.com.br
www.hedra.com.br

Foi feito o depósito legal.

LUGAR DE NEGRO, LUGAR DE BRANCO?
Esboço para uma crítica à metafísica racial

Douglas Rodrigues Barros

1ª edição

hedra

São Paulo_2019

▷ **Lugar de negro, lugar de branco?** busca desmistificar a naturalização do lugar da raça na discussão moderna e de sua força instituinte: a escravidão moderna. Com forte alicerce em uma leitura crítica de Frantz Fanon, o ensaio repensa o identitarismo, que ganha espaço nas militâncias, ao relacioná-lo à procura mística de uma África que, historicamente, é indissociável do processo de produção capitalista. Ao transpor o problema da raça e do significante negro para um novo patamar, o livro lança novas hipóteses para o movimento negro e aponta para sua potência em superar as relações mercantilizadas nos trópicos.

▷ **Douglas Rodrigues Barros** é um jovem escritor. Atualmente está concluindo doutorado em filosofia. É ex-operário, experiência que talhou profundamente sua escrita e pensamento. Para homenagear Marighella, gosta de se referir a si como "apenas um mulato cearense", apesar de entender que "mulato" é um substantivo carregado de adjetivação racista. Publicou em 2016 *Cartas estudantis* pela editora Multifoco e em 2017 *Os terroristas* pela editora Urutau.

Sumário

Apresentação, por *Tales Ab'Sáber* 9
Uma conversa com o hipotético-leitor 13

FANON CONTRA O MISTICISMO 19

Nem Casa Grande, nem senzala 21
O não-ser que é 25
Entre Luzes e Sombras 27
A patologia da identidade 29
É a ciência, estúpido! 35
A permanência de uma noção 37
Linguagem e identidade 41
Os significados da dialética 55
Weltanschauung do negro 59
Sartre e a dialética espanada 69
A radicalidade do pensamento de Fanon 77

O MOVIMENTO NEGRO E O MISTICISMO 87

Os limites do problema. 89
Contra o misticismo do trabalho libertador 95
A origem do mito e a construção de um epígono 103
Em busca da África perdida? 107
Uma ilusão necessária contra um mito perigoso 113
Uma crítica necessária 125
Ao pé do muro 133

APÊNDICE 143

Contra o retorno às raízes: identidade e identitarismo no centro do debate 145

Índice onomástico 159

*Para Douglas Belchior e Adervaldo José dos Santos
pelo compromisso com a luta antirracista.*

Apresentação

Tales Ab'Sáber

Douglas Rodrigues Barros é um escritor que atua tanto na esfera da ficção e do romance quanto da teoria e do pensamento crítico. Com formação em humanidades e filosofia na nova Universidade brasileira – exatamente a que recebeu o influxo reparador social mínimo da tardia política de cotas brasileira, hoje sobre o ataque degradante do neo-obscurantismo anticrítico e anticientífico que grita alto no Brasil, configurando o real devir negro de toda uma instituição social e seus sujeitos... – seu trabalho mantém constante contato, enriquecido pela experiência e com a experiência da crítica, com o mundo popular e o percurso histórico da classe trabalhadora urbana de São Paulo, da qual não oculta fazer parte e se posiciona como narrador emancipado.

Sem perder o contato com as mazelas da violência brasileira sobre a vida do trabalho, buscando investigar mentalidades e modos possíveis de pensar as condições de existência históricas que são franqueadas à classe em seus romances recentes, ele também assumiu e dedicou importante trabalho ao excedente de violência e sentido patológico da vida social que é o circuito de símbolos, práticas e subjetivações que envolvem os descaminhos da clivagem racial, e sua própria racialização da vida, estratégia torpe do poder que duplica e aprofunda a história de recusas dos direitos negados dos pobres, dos pobres negros, em nosso capitalismo, de origem colonial, escravista e antissocial.

Este livro, que também é um debate, apresenta o trabalho crítico do autor junto a uma das suas comunidades políticas, pondo em questão as hipóteses de fundo que movem ações do movimento negro contemporâneo no Brasil e esclarecendo uma diferença significativa sobre o modo e a dinâmica do pensamento desde uma perspectiva fundamentalmente crítica do problema, ou da solução, negra. O livro também é a enunciação de uma política da leitura das potências sociais e das energias conceituais que envolvem a obra de um grande autor. Ao acatar com precisão o impacto do trabalho teórico de um autor fundamental do campo crítico contemporâneo, Frantz Fanon, que disparou um sem número de movimentos e modalidades de engajamento em todo mundo pós-colonial, e ao reafirmar a constante instabilidade do seu trabalho forte pela superação de toda posição de violência, implicada em seu desmonte dialético da racialização, que só pode ser anticapitalista, Douglas Rodrigues Barros nos mostra como toda uma tradição de compromisso intelectual e critica opera: aumentando a energia radical dos conceitos para a transformação social necessária.

Confiando na universalidade negativa da razão, que deve pesar igualmente, entre a configuração do objeto e a do próprio sujeito no objeto, podemos observar como, para Fanon, de modo muito diferente das fixações imaginárias e "místicas", como diz Douglas, de parte do movimento antirracista definidor das políticas para os negros de hoje, a fragilidade das falsificações do racismo branco ocidental implica a crítica da falsa integridade da identidade negra, ela também realizada em algum momento neste processo social de distorção e mistificação de tudo.

Demonstrando com clareza, em conjunto com as intensidades subjetivas pessoais do estilo, o modo radical de Fanon encaminhar seu pensamento, constantemente em balanço e movimento que critica a subjetivação racista situando a experiência negra como o outro negativo da falácia da integridade branca, assim revelada, no mesmo movimento que critica o apego de entificação fixada da própria condição negra, para também ser livre dela, *Lugar de negro, lugar de branco?* repõe em cena a ordem moderna de uma razão em trabalho, única universalidade virtual que não cede diante do terror.

Este trabalho sem pouso da crítica só pode se resolver após desmontar e suspender as camadas de violências e dispositivos ideológicos que deram destino à necropolítica colonial e a autoimagem alucinada de superioridade da Europa branca moderna, bem como os seus efeitos dialéticos na ideia moderna do negro. Assim, ao se suspender o lugar histórico falsificado da violência branca, a sua autoimagem, deve-se chegar à suspensão do lugar determinado desde aí das violências incorporadas à ideia de alguma identidade negra.

Seria este o projeto da superação histórica da violência racial, e seus sujeitos e assujeitados, determinada pela própria história do vínculo de capitalismo colonial escravista mercantil e a formação do presente. Sem temer a vida crítica da razão, tal trabalho não teme a própria cor, e seu lugar sem lugar na ordem branca, evitando qualquer virtual política da paranoia, acentuando o horizonte de emancipação pós-capitalista da empreitada.

Assim, implicado humanamente e pessoalmente na intensidade do debate que põe em cena, *Lugar de negro, lugar de branco?* é contribuição renovadora e esperançosa, sem concessões, para a desalienação mais radical ao redor de uma questão premente da contemporaneidade dos últimos 500 anos do processo de terror da expansão mundial do Capital.

Uma conversa com o hipotético-leitor

Este curto ensaio foi atropelado pela *ordem*. Quando escrevia a parte final, me vi a amontoar tantos conceitos e pintá-los tal como pede nosso contexto, que fui derrubado pela terrível notícia do assassinato de Marielle Franco e Anderson Gomes, ocorrido em 14 de março de 2018, data do nascimento de Castro Alves, de Carolina Maria de Jesus, de Abdias do Nascimento e, por contingência, do próprio autor.

Eu não conhecia Marielle Franco, porém seu assassinato foi sentido em minha pele. Choramos sua morte. O seu sangue era o nosso. Erro seria crer que o grande dissídio que nesses últimos tempos se estabeleceu no seio da esquerda se assentasse numa diferença estratégica e que o martírio de uma valorosa companheira pudesse fundamentar uma outra prática que ousasse, se não reverter o descalabro do país, pelo menos defender aqueles que se prontificam a estar em suas fileiras.

Desde então tudo mudou, mas nada saiu do lugar.

Seria muito importante que qualquer militante e crítico de esquerda não fosse mais o mesmo depois dessa morte. As poucas ilusões com a política oligárquica brasileira deveriam ser desfeitas pelos tiros dados em Marielle e no seu motorista. É uma política de morte que funciona sob pressupostos rentáveis e significante colonizado.

Nós sabíamos disso? Talvez, mas até então duvidávamos. Hoje não se pode duvidar mais. Essas mortes, sem dúvida, têm o peso do nosso fracasso. Devemos nos responsabilizar por elas e por outras tantas que ocorrem longe da segunda maior cidade do país. Só assim poderemos dar um basta.

"Nós desconfiamos do entusiasmo",[1] assim se expressa Fanon na introdução de sua obra como quem cita uma verdade lúcida desperta pelos sinais daqueles que não tiveram irmandade com as coisas e foram esmagados por fileiras de carruagens atadas às costas. Entusiasmar-se é tornar-se impotente.[2]

Com alguns farelos recentemente caídos da mesa da elite econômica, durante um curto intervalo de tempo,[3] entretanto, a esquerda e grandes setores do *movimento negro* pareciam se entusiasmar e abandonaram qualquer princípio que não o de se incluir no jogo.

Tornar-se *colaborador*,[4] no entanto, tem um preço a ser pago: a elevação do mito à verdade, o abandono e até a acusação contra qualquer posição que pense para além das miu-

---

1. FANON, F. *Pele negra, máscaras brancas*. Tradução de Renato da Silveira. Salvador: EDUFBA, 2008.
2. O entusiasmo para Fanon tem o mesmo sentido de catarse para Brecht, qual seja: impossibilidade de crítica dada as condições de aceitação presumidas nele.
3. Trata-se do tempo das vacas gordas em que a crise mundial propiciou um forte investimento e crescimento nas importações de *commodities*, e o superávit primário passou de 3,7% para 4,5%. Com isso, houve a captura de grande parte da esquerda tanto material quanto espiritualmente.
4. Colaborador como colaboracionista (remetendo aos anos hitleristas) implica executar um trabalho independente de suas sequelas. A esse respeito, mas não no sentido aqui exposto, *Cf.* ARANTES, P. E. *O novo tempo do mundo*: e outros estudos sobre a era da emergência. São Paulo: Boitempo, 2014. p. 101-140.

dezas e misérias cotidianas sob a égide do mundo da mercadoria.

Competiu, desse modo, a parte da esquerda – ou melhor, à esquerda hegemônica – realizar o trabalho sujo com zelo:[5] se se matam milhares de jovens anualmente, a maioria negros, que importa? Pensemos em nosso próximo candidato...

Na rede social, agora convertida em Areópago, desfilam mil gênios consagrados às verdades provisórias em busca de *likes* e comentários. O Facebook, separando cada um no seu nicho próprio, construiu a *máquina do mundo* que procura não só a *implicação* como a *mobilização total* de seus usuários. A subordinação e organização "do e para o" trabalho agora passam por essa "ferramenta", que alterou radicalmente as relações de sociabilidade das pessoas comuns.

Por outro lado, ainda será necessário refletir sobre a insensibilidade social e a invisibilidade do massacre cotidiano

---

5. Trabalho muito bem demonstrado por Francisco de Oliveira. "Sindicatos de trabalhadores do setor privado também já estão organizando seus próprios fundos de previdência complementar, na esteira daqueles das estatais. Ironicamente, foi assim que a Força Sindical conquistou o sindicato da então Siderúrgica Nacional, que era ligado à CUT, formando um "clube de investimento" para financiar a privatização da empresa; ninguém perguntou depois o que aconteceu com as ações dos trabalhadores, que ou viraram pó ou foram açambarcadas pelo grupo Vicunha, que controla a Siderúrgica. É isso que explica recentes convergências pragmáticas entre o PT e o PSDB, o aparente paradoxo de que o governo de Lula realiza o programa de FHC, radicalizando-o: não se trata de equívoco, mas de uma verdadeira nova classe social, que se estrutura sobre, de um lado, técnicos e intelectuais *doublés* de banqueiros, núcleo duro do PSDB, e operários transformados em operadores de fundos de previdência, núcleo duro do PT. A identidade dos dois casos reside no controle do acesso aos fundos públicos, no conhecimento do 'mapa da mina'". (*Cf.* OLIVEIRA, F. *Crítica à razão dualista/O ornitorrinco.* São Paulo: Boitempo, 2003, p. 146.)

que se perpetua aqui desde que o colonizador chegou.[6] Se antes a carne negra era a mais barata e rentável do mercado, agora, é necessário dizimar o seu excesso. Entre passado e presente, a infâmia que atende pelo nome de *racismo*.

O passado, porém, é lição para se meditar, não para reproduzir, dizia Mario de Andrade,[7] e conquanto não estejamos dispostos a ruir sob os maus auspícios de um romantismo estéril, devemos perguntar o que é ser negro atualmente, sem cair na cilada de uma identificação remota com um passado inexistente.

A *identificação* é a forma de ligação emocional mais profunda e, com ela, dificilmente se ultrapassam as limitações que forjam a experiência concreta na formação do *eu* com o mundo.[8] É nessas lições de Freud que temos um grande aprendizado sobre o funcionamento da *psicologia das massas*. Psicologia que hoje em dia foi capturada pelo gozo escópico do narcisismo autorreferenciado das redes sociais.[9]

Sendo assim, o que governa a identificação é a simpatia que impõe não somente a imitação de características em comum, como também sua defesa acrítica. É pela característica afetiva da identificação que a ligação mútua entre indivíduos da massa é produzida. Essa se encontra por vezes numa qualidade particular em comum, numa cor em comum, num fenótipo em comum e numa história mítica em comum.

---

6. O que em todo caso não faremos aqui.
7. ANDRADE, M. *Pauliceia desvairada*. Barueri: Ciranda Cultural, 2016, p. 18.
8. FREUD. S. *Psicologia das massas e análise do eu*. Porto Alegre: LPM, 2017.
9. Essa noção me foi passada pelo grandioso artigo de Patrícia do Prado Ferreira Lemos: *Entre o olho e o olhar*: o gozo escópico no Facebook.

É daí que a multiplicidade que constitui o *eu* particular deixa de importar: o que importa é aquilo no seu *eu* exterior que se parece comigo: um cabelo em comum, uma roupa em comum, um hábito em comum, por fim, uma *raça*.

Tanto a identificação com o branco quanto a identificação com o *negro* eliminam de si qualquer capacidade reflexiva mais profunda. Ser igual no infortúnio ou no privilégio significa que alguma coisa sustenta essa condição. Sabemos o que é.

Nesse sentido, Fanon segue sendo o arsenal crítico contra a leviandade e preguiça daqueles que falam em seu nome e que se tornaram reles colaboracionistas.[10] Isto impõe uma reflexão crítica sobre a hegemonização de um determinado setor do movimento negro que impôs uma pauta na qual alguns temas são francamente reacionários. Atualmente, essa hegemonização impossibilita qualquer horizonte para além das formas impostas socialmente pelo modo de sociabilidade capitalista e, portanto, nosso arsenal se voltará contra essa mesma hegemonia.

Urge imaginarmos um mundo no qual a mercadoria não dê as referências vitais, urge lutarmos por outras formas de sociabilidade, urge criarmos outra dinâmica de vida em que

---

10. Há diferenças entre os colaboracionistas e os francamente fascistas que podem ser resumidas grosseiramente da seguinte maneira: os fascistas faziam e sabiam o que faziam, tinham clareza das ordens que seguiam e onde queriam chegar, ao passo que os colaboracionistas só estavam tentando trabalhar e seguir a vida normalmente sem se envolver com algo para além do que o limite impunha, ou seja, "eles faziam, mas não sabiam o que faziam". Essa matéria pode ser melhor estudada no ensaio de Paulo Arantes (2014, p. 101-141) *Sale Boulot* no livro já citado, ou ainda, em Hannah Arendt (*Cf.* ARENDT, H. *Eichmann em Jerusalém*. Um relato sobre a banalidade do mal. São Paulo: Cia das Letras, 1999.)

o componente racial não seja decisivo na escolha de quem deve morrer. A utopia não é acreditar que o capitalismo, já apodrecido, necessita morrer, utopia é acreditar que um dia sua forma de reprodução social deixará de criar identificações, espaços demarcados de sociabilidade mediados pelo dinheiro, pela mercadoria, e deixará de fomentar o racismo, que lhe é constitutivo e inerente.

Este curto ensaio foi atropelado pela *ordem*, mas não esmoreceu diante daquilo que era sua tarefa: desiludir-nos com os misticismos para enfrentar a barbárie imposta.

É o que tenho a oferecer como trabalho de luto. Um trabalho que espero possibilite o amadurecimento de nossa luta.

O autor

FANON CONTRA O MISTICISMO

> Eu lhe direi: é o meio, é a sociedade que é responsável pela sua mistificação. Isso dito, o resto virá por si só. E sabemos do que se trata. Do fim do mundo. (*Fanon*)

Nem Casa Grande
Nem senzala

Seria absurdo dizer que as condições em que se conduziu a racialização no Brasil não foram determinantes para a produção e reprodução do capital e, com ele, sua moderna divisão do trabalho. À parte o misticismo da diferença racial, que imprimiu nos corpos negros uma tentativa de subordinação e que faz dessa diferença a inconfessável política de exceção naturalizada em todas as cabeças brasileiras, existe essa crença, essa crença pegajosa em relação à cor, em relação a todo um continente epistêmico criado para *nadificar* aqueles que sempre estiveram no interior da produção, produzindo riquezas, mas foram dela alijados.

Foi a criação de um consenso – na ciência, na filosofia, na arte, na espiritualidade ou na religião – como linha divisória e prática, a partir da qual se nutrem as formas de organização do Estado como poder soberano sobre a decisão de morte.[1] Uma sacada pragmática que convoca a onipresença da segurança estatal, o aparato despótico que marcará, de uma vez por todas, o inimigo a ser combatido. Assim caminha a grande festa da República, cautelosa, naturalizada e distorcida, que nunca termina de contorcer o chamado "di-

---

1. MBEMBE, A. *Necropolítica*. São Paulo: N-1 Edições, 2017.

reito democrático" e, a cada segundo, se vê ameaçada por alguma nova "diferença" por ela mesma superficialmente criada.

Se aquele "animal preto, que possui lã sobre a cabeça, caminha sobre duas patas",[2] como dizia o cafona do Voltaire, encontrou agora a possibilidade de se repensar a si mesmo, é porque abandonou o corpo debilitado e os ícones do ressentimento em que se apegava. Longe de qualquer movimento fascistóide que repinta orgulhoso o brasão da racialidade, o corpo negro, marcado e identificado como inimigo, se ergue na luta que "sempre teve como meta a abertura para um mundo verdadeiramente comum".[3] Que ele tenha se erguido, com esforço, ao posto de reflexividade, de mediação, de consciência-de-si, muda tudo. Não é o apego por um mundo putrefato em vias de ser ultrapassado que lhe dá ânimo, mas sim o vigor da experimentação, de um olhar em que do *não-ser* possa brotar o *novo*. Fora daquela ilusão socialmente necessária, marcada por um conservadorismo de verniz nacionalista, se distingue outro tipo de posição política em que um acontecimento de verdade está prestes a abrochar e advir como efetividade. É ele que estabelece a continuidade existencial, nem secreta, nem óbvia, dos corpos negros como portadores de uma comunidade efetiva e vindoura. Que sela o destino do proletariado, ou melhor, retoma seu sentido clássico; não como redutora classe operária, mas como a universal classe dos *Condenados da terra*.

A engrenagem trepida... A bruma neva... pouco importa que os corpos reduzidos à diferença racial encontrem ou

---

2. VOLTAIRE. *Tratado de metafísica*. São Paulo: Abril, 1978, p. 62.
3. MBEMBE, A. *Crítica da razão negra*. Lisboa: Antígona, 2015, p. 297.

não motivos conscientes para resistir à *ordem* existente; vemos claramente que os corpos reduzidos pela racialidade se tornaram um excedente populacional que em fins de capitalismo tardio precisa ser identificado, controlado, categorizado, separado, cercado por muros, por Unidades de Polícia Pacificadoras e, por fim, extirpado. O mesmo odor de merda que exala da Casa Grande em seu hálito mortal e necropolítico! O controle dos corpos negros, ou mais além, dos corpos indomáveis, certamente não é uma vã medida coercitiva da vida em suas limitações burguesas. É a luta incessante do aparato repressor do Estado/Capital na vã tentativa de impedir o desejo de criar algo vertiginoso. Quando a dialética Casa Grande/Senzala finalmente for suprimida, então com ela serão suprimidas as diferenças raciais superficialmente criadas para controle universal dos corpos e territorial dos espaços.

O não-ser que é

Como uma ficção ganha força material, molda a apreensão de um mundo e torna-se motor do real? Como a realidade reduzida à aparência torna-se ela própria só o aparente que por trás de si nada oculta senão seu vazio constitutivo? Se "os adjetivos passam e os substantivos ficam",[1] o adjetivo *negro* dado aos indivíduos que viviam no antigamente conhecido "continente sombrio",[2] rapidamente foi substantivado e não apenas se limitou a substituir o real pelo aparente, como desmistificou compulsoriamente e demonstrou que o real é a própria aparência.

A visão de conjunto sobre essas operações mágicas em curso histórico-filosófico permitiu considerarmos que *ser* e *não-ser* são complementos do real, como diria o velho Sartre, "à maneira da sombra e da luz".[3] Não há movimento conceitual sem uma linguagem capaz de exprimir, simultaneamente, a condição histórica e sua fissura constitutiva. Então, se concordamos com Mbembe que a grande violência colonialista foi ter reduzido o indivíduo africano ao adjetivo *negro*, isto é, ter reduzido o indivíduo à aparência, igualmente

---

[1]. Machado de Assis, Diário do Rio de Janeiro, *Balas de estalo*, 16/5/1885.
[2]. Para os antigos, a África era uma espécie de porta para o mundo dos mortos.
[3]. SARTRE, J. P. *O ser e o nada*: ensaio de ontologia fenomenológica. Petrópolis, RJ: Vozes, 2009, p. 53.

concordamos que a aparência é o próprio motor que subjaz num espírito científico guiado pelo Entendimento e suas limitações empírico-descritivas. A crítica *à invenção do Negro* impõe esse ponto de partida.

Ainda levará um tempo para que nós compreendamos como essa posição do negro – como *não-ser* que *é* – estrutura não só a realidade existencial do branco como ainda possibilita a abertura para o advento do *novo*. Antes disso, porém, se faz necessário elucidar, na base de um bom combate epistemológico, como o pensamento moderno/científico foi responsável pela construção fictícia das raças que, no íntimo de uma abstração real guiada pela valorização do capital, sustentou e deu legitimidade, pelo discurso de "verdade", a um modo de sociabilidade exploradora e predatória que atende pelo nome de capitalismo.

Entre Luzes e Sombras

Toda consciência ocidental está reunida neste ideário: "o entendimento que vence a superstição deve imperar sobre a natureza desencantada". Reside na incrível estranheza do homem ocidental em relação ao novo mundo, estranheza que exige, pelo poder da ciência, que ele se faça dono dos indivíduos e controlador da natureza, o impulso temerário por aquilo que não se limita às limitações de sua sociedade e de seus costumes. Ao se subtrair ao existente, a investida científica fornecida pelas Luzes, o ilustrado não desfez a fobia ante os inexplicáveis fenômenos, mas passou a descrevê-los e desvirtuá-los para melhor controlá-los: "O saber que é poder não conhece barreira alguma, nem na escravização da criatura, nem na complacência em face dos senhores do mundo."[1]

É, portanto, a fobia o principal componente dessa proto-identidade europeia. Esse perfil sombrio, mecânico, hostil, absurdo, tentou, de forma vulgar, encantar seu processo de dominação sobre os povos colonizados por meio da *tolerância*. É óbvio que esse conceito oculta uma normatividade da apropriação do excedente, enquanto busca o controle da margem admissível em relação à própria medida euro-

---

1. ADORNO e HORKHEIMER. *Dialética do esclarecimento*: fragmentos filosóficos. Rio de Janeiro: Zahar, 2006, p. 18.

peia. Quando Diderot, Buffon e Voltaire buscaram afastar-se da metafísica apenas descrevendo os fenômenos "naturais", acabaram por instituir, ainda que a contragosto, uma das mais admiráveis ilusões: a neutralidade científica como componente de dominação.

A patologia da identidade

A autoficção da identidade europeia – uma autocontemplação de si mesmo que enclausura a potencialidade da *diferença* – tornou então hiperidentificatório o significado de *Negro*.

> O branco é o símbolo da divindade ou de Deus.
> O negro é o símbolo do espírito do mal e do
> [demônio.
> O branco é o símbolo da luz...
> O negro é o símbolo das trevas, e as trevas
> [exprimem simbolicamente o mal.
> O branco é o emblema da harmonia.
> O negro, o emblema do Caos.[1]

A novidade de uma condição alheia àquele mundo, condição que durava mais do que a imaginação europeia poderia supor(tar) e da qual não se conseguiu apreender toda a significação – que ultrapassa o espoliar dos povos e impulsiona a acumulação primitiva do capital –, ameaçou desde sempre e repetidamente a consolidação do prosaico mundo burguês. Houve, a princípio, a fantasia selvagem das grandes narrativas de aventureiros que foram lidas vorazmente nas alcovas requintadas da decadente nobreza.

---

1. MONTABERT, J-N. P. *Traité complet de la peinture*, 9 vols (Paris: J.-F. Delion, 1829–51), vol. 7, pp. 422–3. Kératry, Annuaire de l'École.

Os europeus, cuja educação e civilidade nunca combinaram com neutralidade epistêmica, não podiam então acreditar que uma organização social vinda das selvas entranhadas no "Continente noturno" pudesse amadurecer a ponto de atingir qualquer noção de liberdade. Com todo o rancor de sua relação normativa com a vida, eles se sentiam vivamente atingidos; os costumes narrados dos povos de África eram distorcidos e retorcidos: comiam carne crua, bebiam demasiadamente e faziam sexo à vontade. Um horror para a imaginação europeia que perdura até hoje!

Sob o signo do exótico, a aparição do termo *Negro* no dicionário moderno foi paralela a um projeto de conhecimento e de governança que se instaura a partir do desenvolvimento da própria modernidade. *Raça* e *Negro*, produzidos pelo advento do moderno nas suas formas de controle e segregação fazem parte de um delírio manipulatório, como evidencia Mbembe.

Que o signo *raça* guarde suas contradições inerentes impondo uma dialética forçosa não nos é algo indiferente; que a dialética do Esclarecimento, fechada sob as limitações do capital, tenha criado suas áreas sombrias, ou melhor, negras, com "a presença da dominação dentro do próprio pensamento como natureza não reconciliada"[2] é algo sentido nos próprios corpos; que a denominação *Negro* passou a traduzir "o ser-outro fortemente trabalhado pelo vazio, e cujo negativo acabava por penetrar todos os momentos da existência",[3] é algo ainda por ser aprofundado. Mbembe, que é

---

2. ADORNO e HORKHEIMER. *Dialética do esclarecimento:* fragmentos filosóficos. Rio de Janeiro: Zahar, 2006, p. 45.
3. MBEMBE, A. *Crítica da razão negra.* Lisboa: Antígona, 2015, p. 32.

inigualável em demonstrar o que importa, enterrou a noção de igualdade europeia com uma impactante fórmula: "o negro não existe enquanto tal. É constantemente produzido. Produzir o negro é produzir um vínculo social de submissão e um corpo de exploração".[4] Também Fanon em algum ponto de *Peles negras* é categórico: é o branco que cria o negro. Em todo caso o fundamento da identidade *negra* foi concomitante com o delírio narcísico branco e europeu.

Ora, se Diderot foi um digno mediador do que a situação da nova ideia de homem continha de universalista e desafiadora, por outro lado, Voltaire, mas não só ele, introduziu nas *Luzes* a particularização identificatória que estamos buscando: a divisão de subespécies de homens. Por subespécies, o ilustrado designava o princípio da identidade e o da diferenciação, em que as desigualdades de desenvolvimentos seriam determinadas entre si pela natureza das supostas espécies humanas. Se a descrição substitui a explicação por medo compulsivo da metafísica, bastava então descrever as estruturas corporais das diferentes subespécies para empreender sua divisão e apreender suas diferenças constitutivas que reverberavam no "progresso" de seu desenvolvimento.

A ficção útil do termo *raça* e do termo *negro* será lenha na fogueira das animadas controvérsias entre monogenistas e poligenistas[5] que ainda têm no séc. XVIII um horizonte de

---

4. MBEMBE, *íbidem*, p. 33.
5. Segundo Gislene Aparecida dos Santos: "[...] os monogenistas continuam apoiando-se nos argumentos climáticos, geográficos, culturais para explicar as diferenças entre os homens e os poligenistas, remetendo-se às origens separadas". SANTOS, G. A. *A invenção do ser negro:* um percurso das ideias que naturalizaram a inferioridade dos negros. Rio de Janeiro: Pallas, 2006, p. 47.

busca da igualdade. No alvorecer de 1800, com a entrada da noção de evolução darwinista na discussão entre as diferentes escolas, contraditoriamente, os significantes *negro* e *raça* tornam-se a-históricos e imutáveis, fomentando a justificativa da exploração e das desigualdades imperantes no então recém-nascido modo de sociabilidade capitalista, momento em que a realidade racial superou a igualdade cidadã do direito.

Funda-se aí a produção do Negro, cujo vinculo social de submissão e exploração lhe é inerente. O negro torna-se um corpo no qual se realizou a mais absoluta violência expropriadora; certamente, isto é o que fundamenta a visão de mundo, não só das vítimas dessa redução ontológica,[6] como do corpo social diferenciado por este significante identitário redutor. Em nenhum momento pode-se afirmar que essa redução de indivíduos ao corpo é uma anomalia pertencente ao passado, mas é, sim, a força motora oculta da modernidade capitalista, o lugar do espaço sócio-político no qual ainda vivemos e que produz diferenciação racial e muros asseguradores *nacionais*.

O delírio da diferenciação racial encontraria então na *Lettre à madame de Graffigny* de Turgot a justificação plausível da exploração europeia: "a desigualdade social radical se inicia na natureza física desigual dos 'diferentes' humanos." Sendo o branco europeu mais próximo da racionalidade e desenvolvido tecnicamente, naturalmente sua posição seria a de comando. O delírio seria assim um exercício de expur-

---

6. Ainda como diz Mbembe (*op. cit.*, p. 39): "O negro não existe enquanto tal. É constantemente produzido. Produzir o negro é produzir um vínculo social de submissão e um corpo de que nós chamamos de estado de raça corresponde, assim o cremos, a um estado de degradação ontológica".

gar as ações passionais e encontrar uma desculpa para o preenchimento de um vazio constitutivo. Um vazio que constituiu a modernidade e sua exploração capitalista. O negro, portanto, é colocado nesse não-lugar do delírio, que ora tem lastro de libertação libidinal, ora de regressão violenta.

Negro e *raça* constituem assim os polos convergentes de um mesmo delírio europeu: a redução do corpo e do ser vivo a uma questão de aparência. Como tal, elimina-se de si a noção de reconhecimento das diferenças como constitutivo do Eu europeu; há, portanto, aquilo que Mbembe chamou de *alterocídio*, ou seja, o Outro como objeto ameaçador que precisa ser extinguido.

É a ciência, estúpido!

Nascia, em um mesmo movimento, a concepção de *raça*, ainda não de todo determinada, e a noção esvaziada – e por isso ideológica – de *neutralidade científica*. O reverso da moeda iluminista – enriquecida com o comércio negreiro, com a colônia de *plantation* – apresenta o progresso que alguns homens (dominantes) teriam realizado em relação aos inferiores (dominados). Estamos diante da fase embrionária da auto-identificação alucinatória que encontraria sua verdade na práxis colonialista; a espécie humana torna-se doravante um corpo fragmentado.

A razão, sobrepondo-se à hierarquia, é aquela que, paradoxalmente, justificará essa mesma hierarquia por meio da diferença dos corpos; a autoidentificação alucinatória europeia tornou o *nós* reduzido à territorialidade e a partir daí a universalidade tornou-se, paradoxalmente, restrita. O delírio da diferença que serviria para justificar as teorias racialistas acabará por ser formulado por aquilo que agia silenciosamente por trás das costas dos bons teóricos; a colonização que permitiu a riqueza europeia precisaria também encontrar justificação espiritual.

Foi Hegel quem demonstrou esse cinismo constitutivo do paradoxo formulado pela era das Luzes; preparado o cenário hierárquico – a subespécie humana – faltava apenas a máscara menos inadequada de desresponsabilização tensionado pelo modo de exploração radical da escravização dos povos não-europeus. Foi quando o discurso racional moderno, ao mesmo tempo que previa uma universalização ideal, fomentou a diferenciação hierárquica concreta através da construção do significante *raça*. Foi quando a patologia da identidade foi inaugurada para o controle dos corpos excedentes. Foi quando se percebeu que o Bentinho de Machado de Assis, com sua violência e frivolidade, em todo caso ilustrada, não é monopólio só da elite brasileira, mas uma figura universal das teses morais da Europa. Foi quando "a epistemologia, campo filosófico profundo da justificação da ética tecnocrática, se sobressaiu e representou, no discurso ideológico, a unidimensionalidade da atividade científica".[1]

Paradoxalmente, o novo discurso da "verdade" científica foi o que possibilitou amalgamar sob o signo da liberdade a utilidade prática da mão-de-obra livre e suas benesses se comparadas com o trabalho executado "por escravos boçais e preguiçosos". "Eu desejaria", diz candidamente José Bonifácio, "para bem seu, que os possuidores de grandes escravaturas conhecessem que a proibição do tráfico de carne humana os fará mais ricos".[2] Em todo caso a diferença radical já havia sido produzida e naturalizada.

---

1. Devo essa noção a Luiz Ben Hassanal Machado da Silva.
2. SOUSA, O. T. *O pensamento vivo de José Bonifácio*. São Paulo: Martins Fontes, 1965, p. 37.

A permanência de uma noção

Quatrocentos anos depois, quando eles já celebravam o esquecimento de um passado, no qual "o tempero do mar foi lágrima de preto",[1] e quando seus elementos dissociativos mais definidos pareciam se integrar suavemente às instituições democráticas, novos ecos do mesmo racismo chegavam com a morte de refugiados em suas praias.

Os ecos do racismo mostram-se agora mais confusos, às vezes porque a pacificação prometida já não dava conta da nova guerra em que, todavia, estavam envolvidos, e também porque a nova espoliação prometida para a manutenção da vida capitalista impunha uma nova condição à maior parte da população do globo, isto é, a condição negra, ou aquilo que Mbembe certeiramente chamou de *o devir negro do mundo*. Erguíamos um pouco a cabeça por curiosidade, para depois apreender nossa repetida formulação social que passa, decididamente, por uma contínua acumulação primitiva violenta dos povos ditos "inferiores" e antidemocráticos que no lado sul do globo continuam a se revoltar quando as áreas centrais do capital já comemoram o *fim da história*.

Voltamos então a assumir uma posição de denunciar as raízes da dita "inferioridade", a criação da racialidade, sua

---

[1]. EMICIDA. *Boa Esperança*. São Paulo: Sobre Crianças, Quadris, Pesadelos e Lições de Casa..., 2015.

verdade no racismo e outras verdades da "velha filosofia". Assim, deixamos de evitar o olhar que, na Ilustração, desfaz o enigma ao apontar que as Luzes não ocultam mais suas sombras constitutivas. Debaixo do terrível axioma de *tolerância*, promovido pelo pedante Voltaire, já se ocultava toda a impossibilidade de reconhecimento dado aos "povos primitivos". "Só tolero aquilo que não reconheço como parte de mim", e assim os ilustrados forjaram uma noção de homem restrito aos limites europeus.

Certamente a emergência dessa descoberta conferiria aos ilustrados, de hoje e de ontem, um sentimento desagradável de história imediata. Resguardando a beleza da tolerância, e da razão como meio de sua prática, se confirmava, então, a certeza de que essa "descoberta" se podia guardar longe das vistas, principalmente se se pudesse manter um pensamento da envergadura do de Fanon distante das academias latinas.

Todavia, em troca de um reconhecimento institucional incerto – incerto em virtude da impossibilidade lógica de uma desidentificação no interior do capitalismo – os abolicionistas e, posteriormente, os defensores dos direitos humanos se engajaram em garantir a paz social ao Capital fundamentando um direito à exclusão, isto é, o direito que já não garante "direitos". "O direito é, portanto, neste caso, uma maneira de fundar juridicamente uma certa ideia de Humanidade enquanto estiver dividida entre uma raça de conquistadores e uma raça de servos."[2]

A cada época, a forma de aparição do corpo negro se redefine em função da configuração geral da dominação, e,

---

2. MBEMBE, *op. cit.*, p. 111.

enquanto persistirem os fundamentos socioeconômicos que criaram as diferenças raciais não se superará o significante redutor. O estado de degradação do termo *raça*, que hoje recai atualmente sobre os palestinos e muçulmanos, já adentra o espaço territorial europeu colocando o excedente de desempregados na condição negra; o axioma é o seguinte: é preciso identificar, taxar e controlar todos e, principalmente, o refugiado.

Os antropólogos discutem se a primeira aparição do termo *negro* deve ser identificada no Ocidente Clássico, ou deve ser investigada a partir da fundamentação da divisão da espécie humana pela raça recentemente criada do ponto de vista histórico: o que importa, aqui, é que em ambos os casos se trata de um olhar retroativo que visa desnudar a fundamentação de uma diferença utilizada para a organização estatal, cuja forma de controle tornou-se um poder soberano capaz de decidir quem vive e quem morre. Isto é, cuja decisão de quem tem ou não o status de cidadão passa pela cor ou pelo costume. Quem pode decidir que o status de cidadão passa pela cor ou pelo costume?

Ora, se a questão é assim formulada, sua resposta só pode indicar que é no berço do capital, nas relações coloniais e imperialistas, que a diferenciação de raça se tornou possível; caso contrário, haveria o risco de cair num essencialismo banal. A mais lamentável confusão em relação a isso diz respeito ao fetiche identificatório que racializa a política no momento em que novamente o regresso às interpretações biológicas visam fundamentar distinções raciais e explicar os atrasos econômicos de países subdesenvolvidos. É contra esse pano de fundo que a centralidade nas ideias de Fanon se apresenta.

Linguagem e identidade

Fica evidente que investigar Fanon é colocar-se um problema importante: O que o presente significa para Fanon?[1] A linguagem é o *leitmotiv* de suas descobertas. Atribuir importância à linguagem em sua relação com a *psique* implica se pôr sob a perspectiva socialmente construída e desconsiderar o critério de refletir sobre as limitações que as formas da linguagem impõem, especialmente por ser a linguagem formadora da consciência.

Assentar esse problema implica tomar posição. Não deve importar a originalidade dos novos termos – conceitos de última hora fundados na "conjuntura" dos últimos dias, nem as "novas epistemologias" que não criticam profundamente aquilo que possibilita a manutenção do racismo e, principalmente, possibilita o rebaixamento da teoria em nome de um suposto cálculo de acesso ao texto por meio de uma linguagem publicitária.

É preciso dizer que o campo do saber contém em si um elemento de poder e, portanto, de disputa. Essa disputa, para nós – críticos e militantes antirracistas –, não deve ser a

---

[1]. Utilizamos aqui a mesma ironia de Adorno na abertura de seu "Skoteinos" que inverte a questão: o que Hegel significa para o presente para o que o presente significa para Hegel. ADORNO, T. W. *Três estudos sobre Hegel*. São Paulo: Editora Unesp, 2013, p. 71.

da tentativa de tornar a teoria popular, senão a de fazer com que o popular se torne teórico. Basta de *petit-nègre*,[2] como se não fossemos capazes de entender Kant...

Ora, entender a posição de *estruturação evanescente* da identidade implica apreender o modo pelo qual ela se desdobra historicamente em sua relação com a linguagem e o solo social que a produz. De saída, a *ficção* daquele Eu=Eu estanque perpassa uma inumerabilidade de coisas e Eus. E é então, a partir dessa negatividade ao Eu=Eu que, por fim, o Eu pode pôr-se a si e se conhecer provisoriamente. Esta posição advém do momento em que uma consciência se vê negada por outra consciência igualmente determinada. Dá-se a luta entre iguais que acaba por fundamentar uma desigualdade na relação, ao mesmo tempo que presume uma igualdade buscada como fundamento social em contraposição à desigualdade objetivada tanto simbolicamente quanto socialmente.[3]

---

2. *Petit-nègre* é um modo supostamente "cordial" e redutor da subjetividade do indivíduo negro analisado por Fanon, que faz uma ampla crítica ao rebaixamento da linguagem por parte dos colonizadores que inconscientemente utilizam diminutivos, gírias e mutações na própria maneira de falar para se tornarem inteligíveis ao negro. Naturalmente, essa é uma forma de reduzir o negro, como se para ele houvesse um empecilho natural, ligado à sua biologia e ao caráter, para entender conceitos e palavras não recorrentes no seu vocabulário supostamente infantil. A velha frase tornada senso comum durante boa parte do século XX: "por ser um negro, você escreve/fala muito bem" é também naturalizada pelos indivíduos negros que tomam o *petit-nègre* como um componente próprio. Assim, ao invés de se pôr alheio à linguagem da metrópole, ou do Império – fugas em gírias e particularismos locais – Fanon se lança ao cerne dessa linguagem para demonstrar os mecanismos de dominação existentes nas teorias e ao demonstrá-los expor sua limitação e a subversão possível que daí advêm.

3. Fazendo grosso modo uma arqueologia dessa noção de incompletude do Eu=Eu, podemos observar que essa forma de abordar a formação da individualidade, do sujeito moderno, acompanha a fundamentação da própria

Mas, e quando a posição dessa desigualdade dada pelo Outro não é sequer formulada? Quer dizer, quando não há sequer uma estruturação da disputa entre um Eu e o Outro? Demarca-se com isso uma limitação que impõe uma invisibilidade, um não reconhecimento peremptório de um não--Outro inexistente, *um nada*. É exatamente por isso que a elevação da identidade não-relacional implica uma subordinação colonizada: porque elide as contradições da ficção de um Eu sempre em transformação e se coloca no elemento conservador de um olhar hegemônico que ignora e coisifica aquele que não é tido como um *Outro*. O negro tornou-se, dessa maneira, *o nada*.[4] Isso porque a condição própria da

---

modernidade. Já está presente no *cogito* cartesiano, e seu desdobramento passa por Kant, Fichte e atinge seu ponto de fundamentação social em Hegel, quando analisa a assim chamada dialética do Senhor e Escravo, demonstrando as relações de dominação e poder envoltas na luta entre as consciências. Mais tarde essa posição teórica será absorvida, com suas diferenças constitutivas, pela psicanálise freudiana. que capta a impossibilidade de completude do sujeito moderno. Na França de Fanon, teremos um amplo debate sobre essa forma de abordagem da individualidade no existencialismo de Sartre, que influenciará sobremaneira a teoria psicanalítica do próprio Fanon. Por isso, remontei à fundamentação da individualidade aqui para também questionar o mito sociológico segundo o qual houve um momento do século XX em que a identidade pôde repousar numa identificação com o Estado nacional, ou com a classe. Ora, a meu ver, o que mantinha um afastamento da noção de identidade não era o pertencimento ao Estado Nacional, ou a identidade de classe – mesmo porque a classe é uma desidentificação subjetiva que propicia uma identificação objetiva guiada por um objetivo em comum, que nada tem em comum com os anseios de uma identidade.

4. Como disse Mbembe: "ao reduzir o corpo e o ser vivo a uma questão de aparência, de pele ou de cor, outorgando à pele e à cor o estatuto de uma ficção de cariz biológico, os mundos euro-americanos em particular fizeram do Negro e da raça duas versões de uma única e mesma figura, a da loucura codificada", em que valham os pesos dessa construção simbólica, a construção de "raça" possibilitou inúmeras catástrofes durante a modernidade (*Cf.* MBEMBE, A. *Crítica à razão negra*. Lisboa: Antígona, 2014, p. 11.)

existência se efetiva enquanto um olhar do Outro e uma compreensão entregue a nós por esse Outro, que ocorre no chão social.

A construção da identidade é com efeito um processo em devir, algo que jamais pode atingir um ponto de estabilidade; torna-se uma tarefa instável que, possibilitando questionar os hábitos e tradições, pode também chafurdar no lamaçal da identificação estanque e narcísica. O que queremos salientar com isso é que aquela identidade unificada e estável é ilusória, patológica; o processo de identificação, por meio do qual se firma uma suposta identidade cultural, nunca repousou na falta de movimento, senão na consequente mudança ininterrupta do Ser com relação ao mundo e ao Outro.[5]

Nascidas como ficção, dizia Bauman,[6] as contradições inerentes da identidade ganham, contudo, grande relevância quando a sensação de *pertencimento*, seja o de uma classe ou o de um Estado-nação, entrou em declínio. Naturalmente essa noção elimina da fundamentação social a possibilidade de análise crítica; é como se houvesse um determinado momento histórico na modernidade em que uma harmonia do sujeito consigo mesmo fosse possível e fornecida pelas condições de um Estado forte, isto é, dos trinta gloriosos anos de *Welfare State*, o que em todo caso é uma quimera. Claro que esta posição mais reforça o mito do que o desvenda. Desde que a modernidade se instaurou com o capital gestado na

---

5. Para concluir com Stuart Hall: "A identidade plenamente unificada, completa, segura e coerente é uma fantasia" (*Cf.* HALL, S. *A identidade cultural na pós-modernidade*. Rio de Janeiro: DP&A, 2011, p.13.)

6. BAUMAN, Z. *Identidade:* entrevista a Benedetto Vecchi. Rio de Janeiro: Zahar, 2005.

escravidão, tudo que era sólido e seguro se dissolve no ar. A própria noção de sujeito traz consigo a incompletude que reforça o movimento social da mercadoria. Tanto é assim que um dos nossos primeiros sujeitos plenamente modernos é Dom Quixote!

Essa crise que joga os indivíduos na busca de uma identidade imóvel, portanto, é social, denota como as estruturas simbólicas que sustentavam um discurso sobre o Eu entram em colapso a partir do momento em que um sentido de formação social – a modernidade – entra igualmente em colapso.[7] Noutras palavras, é como se o entrave na circulação de mercadorias fundada por uma crise permanente impossibilitasse esse discurso de um sujeito capaz de guiar o próprio destino.

As lições que se tiram disso são:

a) No mundo dominado pela sociabilidade capitalista busca-se reduzir o Eu a um produtor/consumidor de mercadorias;

b) A crise da modernidade não podendo mais concluir o circuito de constante reposição da falta – quer dizer, o consumo realizado repõe o desejo de mais mercadorias – as seguranças de realização desse indivíduo são solapadas e na busca de reafirmação, desse Si impossibilitado, novos apegos simbólicos são criados via identidade;

---

7. HARVEY, D. *The condition of post-modernity*. Oxford: Oxford University Press, 1989.

c) Embora haja a tentativa de redução do Eu a um agente do circuito da mercadoria, é a abertura dada pela impossibilidade de preenchimento desse Eu que permite a possibilidade de alteração das coordenadas sociais comprimidas pelo capital.

Em suma, não existe possibilidade de pertencimento no capitalismo.

Por isso, a afirmação da diferença de tratamento da linguagem entre um *negro* e um *não-negro*, ou entre um *negro* e um *branco*,[8] feita por Fanon, serve, assim, para dar uma sacudidela aos ossos da estrutura de uma diferença de *raças* simbolicamente criada e ainda hoje naturalizada. E aqui é importante dizer que Fanon, em seu famoso livro, teve um *insight* genuíno que possibilita entendermos não apenas esses processos contraditórios, como avançar para além deles.

A invenção da raça sob os pressupostos da exploração colonial impõe ao negro uma realização impossível. *Um Real* impossível, traumático, em que a rede simbólica de reconhecimento mútuo está fechada. O modo simbólico da linguagem como resultado de uma contingente luta complexa pelo poder sociossimbólico é abordado aí no sentido da exclusão que esse processo efetivou para o negro.

O negro, nesse sentido, não é um Outro do branco em sua universalidade colonizadora, mas um *inexistente* numa universalidade que elide ao negro qualquer possibilidade de reconhecimento. Contraditoriamente, porém, o negro só

---

8. FANON, F. *Pele negra, máscaras brancas*. Tradução de Renato da Silveira. Salvador: EDUFBA, 2008.

existe em relação a essa exclusão do domínio branco. Ultrapassar essas limitações é o fim previsto na violência clínica fanoniana.

Talvez seja por isso que Fanon advirta desde o início que, em se tratando de uma análise psicológica do negro, não se devem esquecer os elementos que fundamentaram essa ordem sociossimbólica, quer dizer: não podemos perder de vista a história socioeconômica que engendrou essa noção de diferenciação.

Em termos simples, enquanto o branco alçou-se à condição de proto-sujeito, para o negro essa condição está vedada pelos processos de colonização. Entretanto, ao contrário do que parece sugerir, a condição buscada na análise de Fanon não é a resolução pura e simples dessa condição de um não-sujeito para a condição de um sujeito como ponto de síntese e resolução dos conflitos.

Fanon de nenhuma forma poderia incidir nessa ingenuidade, pois sabia que, independente dos espaços de simbolizações, a lacuna e a castração se mantêm inalteradas. O negro como um invisibilizado, como um inexistente que não é um nada, que é um ser nada, mas não um nada ser, inexiste nas condições de possibilidade de um mundo formatado pela colonização.

Por isso, esmiuçar as patologias sociais criadas pelo sistema de linguagem dominante requer um desnudamento da relação de sujeição; se o negro é o *nada* graças a sua invisibilidade radical, deve tornar-se *menos que nada*. Essa práxis-teórica aponta o limite a ser ultrapassado. É a neutralidade do marco simbólico da linguagem que está em disputa e com ela a própria noção do que é *ser negro*.

Por isso, desde o início, o destino da identidade em si mesma está selado. O paradoxo em questão é que o próprio fato de não haver uma identidade hipostasiada, na qual se possa fundamentar ontologicamente o *ser negro*, é o que torna possível a efetiva resistência negra a partir da implosão da estruturação sociossimbólica.

A questão da linguagem, desse modo, determina uma forma de ser no mundo, de estar aí em *relação a*, fundamentando-se a partir dos processos sociais implicados no mundo concreto. Assim, se, por um lado, adotar a linguagem do colonizador implica uma desestruturação da identidade, por outro, é a partir dela que o negro/colonizado toma posição contrária e se acerca dos seus limites.

Há duas posições antinômicas que Fanon faz questão de evidenciar:

a) Aquela de superidentificação com os mecanismos colonialistas, que adota e privilegia os aspectos dominantes da colônia, a branquitude, a europeização, etc.;

b) Aquela que, *negando*, busca um retorno a si e se redobra em defender suas origens. Ambas são patologias mistificadoras.

São os processos implicados na aproximação com a linguagem do colonizador que instauram a negação de si para acatar acriticamente as formas da universalidade imposta. Há uma questão de fundo que ressoa; a identificação pura e simples com a alteridade imposta do colonizador leva à manutenção das relações de subordinação.

Assim, ao demonstrar a situação de assimilado do martinicano, Fanon deixa claro que o que regula seu processo psíquico é um desavim consigo mesmo, uma negação de sua humanidade, por ver no *Outro* colonizador a capacidade de sua realização. O que está implicado nisso são as condições de possibilidade nas quais o processo de colonização, e subordinação, se torna um processo autorreferente de realização. O processo aí é tão totalizador, quanto o comportamento da mulher negra analisado por Fanon, em relação ao branco europeu, que evidencia os mecanismos de captura da subjetividade e de sua castração egóica que vê no colonizador, com suas características fenotípicas, a possibilidade de realização do próprio ego. O resultado disso é que o processo de embranquecimento já está todo articulado por uma posição cuja antinomia negro/branco está naturalizada e é aceita no registro simbólico.

Essa abstração real da raça[9] – que ao mesmo tempo que fundamenta a relação social funda sua forma categorial – é um processo no qual a justificação excludente se dá no plano sociossimbólico. Isso passará a governar os destinos individuais guiando-os para uma submissão frente àquilo que aparece como o "bom". É essa estruturação da subjetividade colonizada que importa a Fanon.

Tendo isso em vista chega-se à conclusão de que o processo entre acatar essa condição ou fugir dela, em busca de um retorno originário, se coloca como algo imediatamente interno ao processo, quer dizer: as duas posições são coniventes com os termos erguidos pelo colonizador.

Assim, a análise empreendida dos romances *Je suis Martiniquaise*, *Nini* e o de René Maran demonstra como no nível simbólico das personagens os resultados da colonização já

---

9. Tomamos este termo emprestado de Marx, para quem o capital é uma abstração real – empregamos aqui no mesmo sentido.

estão postos. É como se os romances em sua possibilidade de desnudamento de um *etos* fossem mais impregnados de verdade do que a empiria da vida do *aqui* e *agora*.

A incapacidade de Jean Veneuse – personagem de Maran comentado por Fanon – de concretizar sua relação amorosa com uma europeia desnuda como o processo de inferioridade circunstanciada por uma *psique abandônica* – quer dizer, aquela cujo trauma de abandono na infância impossibilita a realização de relacionamentos duradouros por uma autocomplacência inferiorizada – se efetiva a despeito da camisa de força dada pela *racialização*. A busca de um retorno à pátria, substancial e orgânica, só revela a impotência desse neurótico se realizar por se agarrar nas definições impostas pelo modo de controle colonial.[10] Por isso, "Jean Veneuse não representa um exemplo das relações negro/branco, mas o modo como um neurótico, acidentalmente negro, se comporta".[11] A posição de uma autoflagelação, de uma autopiedade, e de uma desconfiança geral com todo o diferente, marca a postura desse Fiódor Karamazov negro e bondoso.

A questão é muito simples: de pronto, tenta-se justificar, pelo componente racial, a presença do injustificado trauma de abandono na infância. O paradoxo é que, sendo preto, não posso ser amado; e se for amado, e corresponder a esse amor, nada me garante que não estou me aproveitando dele – "como os pretos que adoram carne branca" – por ser preto igual aos outros. Resultado, não posso porque quero e não posso porque posso e serei igual aos outros. Com isso, uma

---

10. Aliás, como já salientava Bauman (*op. cit.*, p. 35): "O anseio por identidade vem do desejo de segurança, ele próprio um sentimento ambíguo."
11. FANON, *idem*, p. 81.

patologia ligada ao trauma infantil é ocultada pelas limitações impostas pela racialização da própria subjetividade.

Independente de sua forma, o que Fanon parece sugerir é que a lógica interna do movimento da subjetividade dessas personagens eivadas de preconceitos colonialistas se vê solapada quando passa de um extremo para o extremo oposto e se funda numa unidade supostamente mais elevada: o embranquecimento ou sua negação em nome de um retorno às origens nada mais é do que os limites impostos pela condição de desumanidade absurda na colônia.

Se a primeira opção dos oprimidos é tentar se livrar daqueles que os oprimem, enquanto a segunda é deles se aproximar negando-se a si mesmos, ambas fracassam quando os oprimidos não percebem que a identidade de sua posição está mediada pelo *Outro*, de modo que para ultrapassar essa condição é necessário transformar substancialmente o conteúdo dessa própria posição.

Isso não significa querer se pôr no atual sistema de visibilidade reivindicando uma representatividade limitante e limitada, mas transformar radicalmente esse próprio sistema de visibilidade cuja raiz está no sistema econômico-social. É como se para o negro restasse não apenas a negação de sua posição imposta por um sistema de linguagem que o subordina – negação que permanece em seus limites simbólicos –, como ainda é necessário negar o próprio espaço simbólico.

A linguagem, com efeito, torna-se uma via de mão dupla: por um lado, ela lança o seu portador no mundo social, por outro, no caso dos colonizados, ela subordina suas aspirações ao império da *metrópole*. Assim, no registro de visibilidade colonizador, a suposta realização desse indivíduo limitado se dará quanto maior for sua proximidade com os modos dos "civilizados", ou seja, quanto maior for seu embranquecimento ou sua busca de uma fictícia negritude.

Com efeito, a *ideia* que se faz do negro, enquanto uma categoria cuja constituição é de subordinado – de um assujeitado sem ser sujeito – o reduz a caricatura e o coloca em termos limitados e limitantes definidos pela própria linguagem. Por isso "Compreende-se [...] que a primeira reação do negro seja a de dizer *não* àqueles que tentam defini-lo."[12] É dessa limitação que surge uma espécie de antinomia colonizadora, uma espécie de *ou, ou*: ou o negro se aproxima do civilizado, ou o rejeita, estabelecendo uma fuga particularista.

O contra-argumento de Fanon, deixado de lado por grande parte daqueles que dizem segui-lo, é que os próprios mecanismos subordinadores abrem espaço para a resistência na medida em que fundamentam uma espécie de excedente, de um *não-lugar* para o negro, que acaba por engendrar uma posição política.

Paradoxalmente, a referência discursiva posta na linguagem da metrópole confirma o negro como o fundamento estabelecido sobre o qual opera a linguagem do colonizador. Quando o negro surge como estrutura patológica, como o demônio, o pecado, o mal e o sexo abundante – uma identidade fantasmagórica e alheia à psique branca, – é porque a relação da identidade branca já está implicada na identidade negra. Esta via de mão dupla também incide no próprio esmorecimento da identidade cultural do branco.

É como reação à dominação do colonizador, reação fomentada por um *não-lugar* e dominação efetivada pelo próprio negro, que a consciência se transforma em vontade po-

---

12. FANON, *idem*, p. 48, grifo meu.

lítica ativa para afirmar sua identidade fantasmagórica. Fanon revela que assim que se alcança essa consciência, o indivíduo não só se integrou ao universo do colonizador, como agora é capaz de implodi-lo. Quer dizer, a identidade fantasmagórica é um momento de integração que parte para a desintegração da subjetividade colonizada. Em ambos os casos, tanto a identidade branca quanto a negra forjam a mistificação de um acesso direto à coisa, como se fosse possível superar a alienação constitutiva do sujeito pela identificação com os processos culturais de nossa identidade. Por isso, a morte do colonialismo deve ser "real", no registro de operações sistêmicas; e simbólica, no registro linguístico que estrutura tais operações.

Como é deliciosa a forma como Fanon posiciona o sistema de estrutura simbólica para demonstrar isso ao comentar o livro de René Maran: "só sei de uma coisa!" diz o crítico citando o literato: "[...] que o preto é um homem igual aos outros, um homem como os outros, e que seu coração, que só parece simples aos ignorantes, é tão complexo quanto o do mais complexo dos europeus".[13]

Está demonstrado, portanto, como a impossibilidade de reconhecimento impõe para esse *aquém de um Outro* (o negro) a tarefa de desnudar os limites que engendraram a impossibilidade de reconhecimento e, com isso, a tarefa de se colocar para além da própria necessidade de reconhecimento ao abolir as diferenças fictícias criadas socialmente pela exclusão. Noutros termos: explode-se o real absurdo ao desnudar completamente o seu escândalo.

---

13. FANON, *idem*, p. 71.

Os significados da dialética

Temos visto até agora que a posição crítica de Fanon não constitui um retorno mágico à identidade, mas a demonstração de seu descentramento contra a presunção de universalidade baseada na noção de *sujeito*. O desnudamento do processo de subordinação imperante na linguagem imprime um primeiro movimento que nega a substância social da qual essa linguagem emerge, ao mesmo tempo que essa substância social se transforma quando seus limites se tornam visíveis por essa particularidade. Nesse processo, a identidade já absorveu e reestruturou a concretude social.

É essa posição eminentemente dialética que permite a Fanon escapar de uma espécie de essencialismo do racismo e identificá-lo à sombra dos processos modernos cujo cerne é a economia. Assim, quando Fanon fala de estrutura, está falando dos processos econômico-sociais que engendraram não apenas a exclusão, como a concorrência. Por isso, ao rebater o essencialista Mannoni, expõe o seguinte:

Poderíamos retrucar que este desvio da agressividade do proletariado branco na direção do proletariado negro é, fundamentalmente, uma consequência da estrutura econômica da África do Sul.

Que é a África do Sul? Um caldeirão onde 2.530.300 brancos espancam 13.000.000 de negros. Se os brancos pobres odeiam os pretos não é, como nos faz entender Mannoni, porque "o racismo é obra de pequenos comerciantes e de pequenos colonos que deram duro durante muito tempo sem sucesso". Nada disso, é porque a estrutura da África do Sul é uma estrutura racista [...].[1]

Os processos analisados por Fanon dizem respeito à lógica do fracasso de colonização, que produz anomalias ligadas ao terreno histórico-social de onde emergem. Sua posição desnuda os processos subjetivos e objetivos socialmente conduzidos pelas modernas forças de produção e reprodução social. Não é à toa que Fanon retruca as posições abstratas de seus contemporâneos: "Ao considerar abstratamente a estrutura de uma ou outra exploração, mascara-se o problema capital, fundamental, que é repor o homem no seu lugar."[2]

O feito de Fanon é combinar o caráter constitutivo do negro em sua atividade no mundo com o viés patológico da própria noção de negro; quando ambos são pensados juntos, como uma característica recíproca, então conseguimos captar a própria patologia que constitui a realidade colonizada. "A inferiorização é o correlato nativo da superiorização europeia. Precisamos ter a coragem de dizer: *é o racista que cria o inferiorizado*."[3] Noutros termos, é o racista que cria a fantasmagoria do Negro.

Esses processos interobjetivos,[4] por assim dizer, desestruturam todo o complexo social dos colonizados, solapam suas estruturas de identidade e recriam, à luz do processo, novas formas de sociabilidade. Uma vez desestruturada a identidade, o choque não permite mais um retorno ao que

---

1. FANON, *idem*, p. 86.
2. *Ibidem*.
3. FANON, *id.*, p. 90.
4. Este termo tomei emprestado de Sílvio Rosa Filho.

foi anteriormente: "Uma ilha como Madagáscar, invadida de um dia para o outro pelos 'pioneiros da civilização', mesmo que esses pioneiros tenham se comportado da melhor maneira possível, sofreu uma desestruturação."[5]

Tais relações, para Fanon, obviamente, não incidem apenas na psique daquele que se vê invadido por um Outro negador, mas na relação, entre a consciência e o contexto social. É na medida em que se efetiva a diferenciação do processo discriminatório determinado pela colonização, que se impõe para mim a alteridade que tenho que assumir/desempenhar. Fazer-me branco é uma tentativa ilusória de obrigar o branco a reconhecer a minha humanidade.

Para essa situação patológica, que dá movimento aos processos de colonização tanto material quanto espiritual, Fanon encontra uma via de superação concreta: o complexo de inferioridade só surge numa sociedade patologizada em que o racismo é estrutural; só com a mudança das estruturas sociais é que se pode ultrapassar essa condição inumana. Não cabem ilusões.

A busca é a de tornar o sofredor "capaz de escolher a ação (ou a passividade) a respeito da verdadeira origem do conflito, isto é, as estruturas sociais".[6] Com isso, Fanon torna-nos cientes de que a forma de ultrapassar o estado posto pelo modo de sociabilidade colonizado é uma escolha que negue, concretamente, o Todo abstrato fundado por essa mesma sociabilidade.

Com isso, não há esperanças de criar uma nova ordem orgânica que tenha por função abolir a individualidade. É,

---

5. FANON, *id.*, p. 93.
6. FANON, *idem*, p. 96.

pelo contrário, a afirmação do indivíduo e a negatividade abstrata impressa por uma identidade evanescente que faz com que o Todo concreto seja modificado em sua raiz.[7] Aí está colocada uma renúncia à esperança nostálgica de um retorno à pátria perdida.

É por isso que estão distantes dos ensinamentos de Fanon tanto aqueles que defendem uma submissão voluntária e a aceitação pelo indivíduo dos pressupostos colonialistas – tidos como a totalidade concreta –, quanto aqueles que afirmam inexoravelmente um retorno às raízes pré-coloniais...

---

7. Nesse ponto se encontra a força da argumentação de Fanon. A formação da identidade é um componente fundamental na experiência da consciência do negro, no entanto, enquanto componente relacional, embora a colonização tenha castrado essa capacidade de uma relação equitativa com o outro, a resposta se dá na sua forma de se fazer conhecer. Essa individualidade, por definição, está como algo além do jogo imposto pelo modo sociossimbólico opressor, e, como tal, irrompe com a inversão do racismo em racialização da própria identidade, que desnuda a relação de exploração e opressão, além da unilateralidade de sua própria posição.

Weltanschauung[1] do negro

É a partir desse *não-lugar* que Fanon busca demonstrar a situação de completo expatriado do negro. Em *A experiência vivida*, talvez o mais desconcertante e difícil capítulo de seu livro, temos o complexo desenvolvimento das relações intersubjetivas que fundamenta a psique negra numa espécie de *fenomenologia* existencial.

Esse marco conceitual nos permite abordar a situação de *plena abertura* vivida pelo negro. A ontologia incapacitada, ou incompleta, pela dolorosa cisão enfrentada pelo negro é o que sustenta sua realidade psíquica. A questão que podemos colocar para Fanon, que diz que "Há, na *Weltanschauung* de um povo colonizado, uma impureza, uma tara que proíbe qualquer explicação ontológica",[2] é se essa proibição não desnuda toda a fragilidade da operação hegemônica colonial fundada no caráter mistificador socialmente produzido contra o negro.

---

1. *Weltanschauung* cuja tradução literal significa "visão de mundo" diz respeito ao etos ou à forma de vida alcançada a partir da compreensão da necessidade e a liberdade que daí advém. É um conceito que encontra grande influência em Hegel e depois se desdobra nas escolas hegelianas chegando ao existencialismo e à fenomenologia.

2. FANON, *idem*, p. 103.

Parece-me que a resposta é sim. Os caminhos barrados à ontologia colocam para o negro uma outra alteridade que lhe é contraposta e na qual sua referência não está localizada nos limites da *vivência* em seu próprio corpo com relação ao outro: o domínio colonial suprime de si o mundo do colonizado e, com isso, desestrutura também sua identidade. Com o branco à espreita, o mundo estruturado do negro entra em colapso.

Isso elucida dois acontecimentos que são inter-relacionados no pensamento de Frantz Fanon: por um lado, toda identificação hegemônica se revela mutável – inclusive aquela do negro com seu sistema de referência –; por outro, ter isso às claras manifesta a consequência contingente de uma luta que se dá no âmbito histórico-social. Ora, é no próprio corpo que se marca a diferença do negro com relação ao branco: pela negação de sua subjetividade enquanto um Outro, o corpo negro é aquele que se apresenta. Uma redução chocante que explica o porquê da natural adjetivação de uma pessoa negra.[3]

Os desdobramentos dessa diferença cairão em fantasmagorias psíquicas sexualizadas explicadas de modo profundo por Fanon, inclusive no que diz respeito a sua redução à genitália. Aqui cabe, porém, demonstrar que o campo de batalha entre os desejos secretos e as proibições simbólicas é aquilo que objetificará o negro, mas também definirá a re-

---

3. Quando um negro entra num recinto, acompanhado por um branco, o que se ouve é: "havia um homem e um negro", e assim sucessivamente, até chegar nos jornais que num acidente disseram: "duas pessoas e um negro se acidentaram"; com esses exemplos, que o leitor brasileiro deve conhecer, fica evidente por que Fanon diz que o negro é reduzido ao corpo e à apresentação.

lação que o branco tem com essas fantasmagorias. Como resultado, em sua formação (*Bildung*) o negro encontrará impossibilidades de se descobrir como agente histórico e ativo. Ao negro em situação colonial está vedado o componente relacional, justamente pelo caráter mistificador dessa fantasmagoria colonialista, e com ele a possibilidade de reconhecimento pelo Outro.

Essa espécie de fenomenologia do negro levada adiante por Fanon desnuda a relação de objetificação corporal que destroçará a subjetividade ao abstrair todo o *ser negro* a mera condição epidérmica. Tal situação corrobora uma redescoberta dos limites que o indivíduo estabelece para si mesmo: ocupar um determinado lugar, ir ao encontro de outro e ver o outro desaparecer – como Fanon deixa claro – repõe toda uma esfera de significações que permite ao negro se reconhecer enquanto tal naquilo em que ele mesmo como um martinicano – ou seria um brasileiro? – era incapaz de se reconhecer, isto é, em sua *condição de negro*.

O próprio indivíduo negro arrancado de sua certeza ao resistir a essa objetificação racista é, no fundo de seu âmago, marcado por ela. A questão terrificante é que quando o indivíduo negro se descobre por fim negro já pesa em suas costas a melanina e com ela todas as referências que o mundo dominante e branco lhe traz, quer dizer: preconceitos, taras raciais, fetichismo...

É natural que aqui esteja colocada uma questão importante para os desnudamentos da dominação racial: como os negros subjetivam sua condição?

Fanon responde a essa questão de maneira genuína e original: ao querer ser só um homem entre outros homens, me reduziram a cor da pele, ao assumir minha cor, assumo os ancestrais escravizados e linchados, porém, por essa situação permanecer vazia em sua estrutura simbólica, a ultrapasso quando descubro que todas as formas de apreensão que tenho de mim mesmo passam pelo Outro. Como negro apreendo a mim mesmo pelo branco, embora sabendo que o branco nada sabe do meu Eu; é ele que me nega e ao me negar me constitui. Vou adiante e descubro que sou neto de escravos, assim como um branco foi neto de camponeses explorados e oprimidos: "Na América, os pretos são mantidos à parte. Na América do Sul, chicoteiam nas ruas e metralham os grevistas pretos. Na África Ocidental, o preto é um animal. E aqui, bem perto de mim, ao meu lado, este colega de faculdade, originário da Argélia, que me diz: 'Enquanto pretenderem que o árabe é um homem como nós, nenhuma solução será viável'".[4] Logo, todas as diferenças se revelam como diferenças nenhumas. É a partir dessa condição de expatriado, que culmina num *não-lugar reservado ao negro*, que se dá a possibilidade de uma indiferença às diferenças, à medida que a descoberta sobre as diferenças revela o componente da estrutura social que as fomenta. O negro é esse ponto descentrado que sustenta o devir do não-ser.

O problema se desdobra: como os negros subjetivam sua condição de explorados e oprimidos?

Não basta apenas reconhecer-se em sua condição, pois esse é o aspecto mais simples porque imposto; é preciso compreender que, sendo impossível livrar-se de um *complexo inato* e deixar de afirmar-se como negro, deve o negro fazer-se *conhecer* implodindo o próprio espaço de construção simbólica estruturado pelas relações sociais de exploração colo-

---

4. FANON, *idem*, p. 106.

nial. O paradoxo é que, tendo sido estruturado o corpo positivado do negro como algo místico, não se pode fundamentá-lo ontologicamente. E é justamente isso que possibilita uma efetiva resistência. Sendo o negro sobredeterminado pelo exterior, não é escravo da ideia,[5] mas da sua própria aparição.

E aqui a bela poesia de Victoria Santa Cruz vale como ilustração:

> *De hoy en adelante no quiero*
> *laciar mi cabello*
> *No quiero*
> *Y voy a reirme de aquellos,*
> *que por evitar – según ellos –*
> *que por evitarnos algún sinsabor*
> *Llaman a los negros gente de color*
> *¡Y de que color!*
> NEGRO
> *¡Y que lindo suena!*
> NEGRO
> *¡Y que ritmo tiene!*
> NEGRO NEGRO NEGRO NEGRO
> NEGRO NEGRO NEGRO NEGRO
> NEGRO NEGRO NEGRO NEGRO

---

5. Na visão de Fanon, sustentada pela análise sartriana, são os judeus que são escravos das ideias que se fazem deles. O que ele quer dizer é que ambos, o negro e o judeu, em seu infortúnio sofrem do racismo, porém enquanto o judeu pode disfarçar sua origem, o negro a carrega nos tons da pele.

NEGRO NEGRO NEGRO[6]

É com isso, com esse aparecer que a referência ao negro, o esforço colonial para conter e categorizar o negro, mistificando-o, produz formas de resistência como princípio ativo contra a força opressora. O poder opressor gera a forma de resistência. O princípio ativo contra a força opressora, a capacidade de mediar, não apenas elabora as formas de estruturação do simbólico como ainda transforma o próprio núcleo da identidade. Já que o negro não é reconhecido é preciso que ele se faça conhecer.

A consciência do círculo infernal, que captura o negro reduzindo-o, e nadificando a sua existência, é o que possibilita escapar desse círculo. Fanon no seu caminho ao expor essa fenomenologia do negro demonstra, porém, como alguns caminhos estão limitados a tornarem o negro um objeto passivo. São eles:

a) A busca do conhecimento como forma política – como sugere Fanon: *A razão contra a irracionalidade racista produz náusea*. Nesse ponto, é importante lembrar – ainda que para nossos objetivos isso não tenha tanta importância – como Fanon estabelece uma relação de equi-

---

6. De hoje em diante não quero/ alisar meu cabelo/ Não quero/ E vou rir daqueles/ que para evitar – segundo eles –/ que para evitarmos algum dissabor/ Chamam os negros de gente de cor/ E de que cor?!/ NEGRO/ E como soa lindo!/ NEGRO/ E olha esse ritmo!/ NEGRO NEGRO NEGRO NEGRO/ NEGRO NEGRO NEGRO NEGRO/ NEGRO NEGRO NEGRO NEGRO/ NEGRO NEGRO NEGRO. In: *Me gritaron negra*, Victoria Santa Cruz (tradução minha).

dade no infortúnio entre o negro e o judeu.[7] Isso não se deve ao fato de que uma de suas fontes inspiradoras para pensar a condição do negro seja Sartre em *Réflexions sur la question juive*, mas sim pela necessidade de demonstrar que o racismo se produz de diversas formas. Mesmo nos dedicando ao saber, se a estrutura sociossimbólica do capital em seu processo permanecer inalterada, os horizontes de mudanças estarão fechados.

b) Fracassado em sua busca da razão como forma de emancipação, eis que surge o elemento da sensibilidade: "O sacrifício tinha servido de meio termo entre mim e a criação – não encontrei mais as origens, mas a *Origem*. No entanto, era preciso desconfiar do ritmo, da amizade Terra-Mãe, deste casamento místico, carnal, do grupo com o cosmos."[8] Imersa na poesia de um retorno místico às origens, essa consciência que se viu objetificada pelo colonialismo busca uma saída no elemento mítico.

Ambas as posições fracassam, mas são constitutivas dessas consciências como *ilusões necessárias*. Felizmente, porém,

---

7. O judeu e eu: não satisfeito em me racializar, por um acaso feliz eu me humanizava. Unia-me ao judeu, meu irmão de infortúnio. Uma vergonha! À primeira vista, pode parecer surpreendente que a atitude do antissemita se assemelhe à do negrófobo. Foi meu professor de filosofia, de origem antilhana, quem um dia me chamou a atenção: "Quando você ouvir falar mal dos judeus, preste bem atenção, estão falando de você". E eu pensei que ele tinha universalmente razão, querendo com isso dizer que eu era responsável, de corpo e alma, pela sorte reservada a meu irmão. Depois compreendi que ele quis simplesmente dizer: um antissemita é seguramente um negrófobo. (*In*: FANON, *idem*, p. 112, *grifo meu*).

8. FANON, *idem*, p. 115.

a consciência segue seu curso e, diante desse louvor de uma união mítica e sensível com a mãe-terra, desconfiada, repõe em curso a dúvida. Este é o movimento que Fanon faz deixando para trás as crenças que invadem hoje grandes setores do movimento negro. Essa união mística é só misticismo:

> Fiz caminhadas até os limites de minha essência; eles eram, sem dúvida alguma, estreitos. Foi então que fiz a mais extraordinária das descobertas, aliás, propriamente falando, uma redescoberta.
> Revirei vertiginosamente a antiguidade negra. O que descobri me deixou ofegante. No seu livro *L'abolition de l'esclavage*, Schoelcher nos trouxe argumentos peremptórios. Em seguida Frobenius, Westermann, Delafosse, todos brancos, falaram em coro de Ségou, Djenné, cidades de mais de cem mil habitantes. Falaram dos doutores negros (doutores em teologia que iam a Meca discutir o Alcorão). Tudo isto exumado, disposto, vísceras ao vento, permitiu-me reencontrar uma categoria histórica válida. O branco estava enganado, eu não era um primitivo, nem tampouco um meio-homem, eu pertencia a uma raça que há dois mil anos já trabalhava o ouro e a prata.[9]

O que Fanon aponta com grande lucidez é que ao contrário da loucura mítica, a história comprova que os negros são também agentes da razão e do intelecto e que esse aspecto místico-religioso está limitado pelo próprio pensamento colonial. *Razão* e *Sensibilidade* são momentos constitutivos para apreender o que é *ser negro* nos limites impostos pelo colonialismo, porém ultrapassar essa condição é fundamental. Nesse percurso da consciência, a identidade está sempre se desestruturando e repondo seu movimento. Da tentativa de agarrar a razão contra o irracionalismo até a tentativa de se

---

9. FANON, *idem*, p. 118-9.

agarrar a sensibilidade poética que estrutura uma espécie de retorno às raízes culminando numa redescoberta dessas próprias origens que não são aquelas míticas, mas são as de um desenvolvimento histórico, o que está apontado por Fanon é o desdobramento da consciência do *ser Negro* rumo a sua emancipação efetiva.

Sartre e a dialética espanada

É nessa espécie de paciência frente aos fracassos que Fanon arma seu arsenal crítico disposto a demonstrar os problemas que surgem ao não se demorar nesses sintomas impostos por uma realidade totalmente patológica. O modo como expressa essa relação desafortunada de um significante vazio, evanescente e contraditório, de uma subjetividade destroçada, molda a visão de mundo que o negro forma a partir de sua relação com o próprio mundo.

Nesse ponto ele está fazendo um exercício legado pelo pensamento especulativo ou fenomenológico. Cada passo de sua formação são figuras neuróticas da consciência que tentam se firmar naquilo que acreditam ser a verdade de si mesmas. No entanto, as contradições e incertezas são o resultado dessa experiência que passa de uma figura a outra sem poder se firmar mediante as contradições emergentes de sua relação com o mundo colonizado. Aí, tudo que é sólido se dissolve no ar.

Quando Sartre entra em cena, e aqui podemos pensá-lo como mais uma figura da consciência, ao tentar desbaratar o jogo utilizando o pensamento especulativo para, por fim, tornar claras as limitações do negro, o que faz é somente mais um exercício que dá com os burros n'água. Sartre torna-se uma figura da consciência de Fanon. Comentarei mais detalhadamente essa cena imperdível:

Mas a coisa pode ser mais séria ainda: o negro, nós o dissemos, cria para si um racismo antirracista. Ele não deseja de modo algum dominar o mundo: ele quer a abolição dos privilégios étnicos, quaisquer que sejam eles; ele afirma sua solidariedade com os oprimidos de qualquer cor. De repente a noção subjetiva, existencial, étnica da negritude "passa", como diz Hegel, para aquela – objetiva, positiva, exata – do proletariado. "Para Césaire, diz Senghor, o "branco" simboliza o capital, como o negro o trabalho... É a luta do proletariado mundial que canta através dos homens de pele negra de sua raça" É mais fácil dizer, menos fácil pensar. Não é por acaso que os mais ardentes vates da negritude são, ao mesmo tempo, militantes marxistas. Mas isso não impede que a noção de raça não se confunda com a noção de classe: aquela é concreta e particular, esta universal e abstrata; uma vem do que Jaspers chama de compreensão, e a outra, da intelecção; a primeira é o produto de um sincretismo psicobiológico e a outra é uma construção metódica, a partir da experiência. De fato, a negritude aparece como o tempo fraco de uma progressão dialética: a afirmação teórica e prática da supremacia do branco é a tese; a posição da negritude como valor antitético é o momento da negatividade. Mas este momento negativo não é autosuficiente, e os negros que o utilizam o sabem bem; sabem que ele visa a preparação da síntese ou a realização do humano em uma sociedade sem raças. Assim, a negritude existe para se destruir; é passagem e ponto de chegada, meio e não fim último.[1]

Se há uma posição relativa na ação dos negros tornada racializada no próprio advento da modernidade, ela obedece ao percurso não determinado, na verdade totalmente contingente, da realidade histórica. É nisso que a passagem feita por Sartre de raça para classe se revela rápida demais por

---

1. FANON, 2008, p. 121, *apud* Jean-Paul Sartre. Orphée noir, prefácio à *Anthologie de la poésie nègre et malgache*, p. XL *et seq*.

ser uma posição esquemática que suprime de si as particularidades constitutivas da compreensão de raça.

A noção algo esquemática de uma progressão dialética como finalidade indiscutível é aquilo que espana a própria apreensão de dialética sartriana. Sartre se trai. A força das análises de Fanon reside no fato de que os extremos (negro/branco) permanecem produzindo a cisão e o único avanço obtido é a compreensão do interior dessa lacuna. Assim, o próprio racismo antirracista, embora seja um momento necessário, ainda atua no interior da limitação colonial.

Não é simplesmente identificar mecanicamente o branco com o capital – ainda que seja uma verdade factível – mas compreender que essa cisão é uma abstração (metafísica) que dinamiza a realidade. O verdadeiro significado está no vazio de seu conteúdo, cujo sentido é gerado na medida em que o movimento se revela. Daí a necessidade dos exercícios que Fanon nos legou. Exercícios que parecem não ter tido precedentes.[2]

A *identidade de opostos* nada tem em comum com a ideia de uma resolução imposta que eleva a figura da consciência para um estágio superior – do tipo raça para classe –, pelo contrário: a luta se firma no evanescer da experiência que formula uma nova negatividade encarnada numa figura singular e, portanto, numa nova experiência que reescreve a passada. E é por isso que Fanon continua: "[...] este hegeliano-nato esqueceu de que a consciência tem necessi-

---

[2]. Mesmo Mbembe não vai até as últimas consequências das lições deixadas por Fanon.

dade de se perder na noite do absoluto, única condição para chegar à consciência de si."

Perder-se na noite do absoluto indica que cada estágio é necessário e, ao mesmo tempo, inútil em si mesmo. Só assim se pode chegar à consciência de si.

É aí que Sartre se trai de novo:

Pouco importa: a cada época, sua poesia; a cada época as circunstâncias da história elegem uma nação, uma raça, uma classe para reacender a chama, criando situações que só podem ser representadas ou superadas pela poesia; ora o impulso poético coincide com o impulso revolucionário, ora diverge. Saudemos, hoje, a oportunidade histórica que permite aos negros dar com tal determinação o grande grito negro que abalará os assentamentos do mundo.[3]

Nessa posição sintomática de um devir sem contingência, o espaço para a liberdade é solapado. "Foi só a história que produziu a poesia, não os homens?"

Com razão Fanon diz: "Pronto, não foi eu quem criou um sentido para mim, este sentido (segundo Sartre) já estava lá [...] esperando-me", e mais abaixo retruca: "contra o devir histórico, deveríamos opor a imprevisibilidade."[4]

Ora, o que Sartre exclui de sua formulação é que se, por um lado, nada é sabido que não esteja na experiência, por outro, o devir na história é marcado por uma finalidade cuja contingência lhe é constitutiva. É factível a impossibilidade de se apropriar do futuro tendo em vista que não se pode enquadrar a tessitura da história.

---

3. FANON, 2008, p. 121, *apud* Sartre, *idem*, p. XLIV.
4. FANON, 2008, p. 121.

A negatividade se alimenta da luta por essa apropriação como uma tentativa impulsionada pela consciência. Por isso que Fanon diz *não*!

De fato, Sartre está correto quando afirma a universalidade da classe em contraposição à particularidade da raça, contudo, perde de vista que a universalidade da classe é implicada pela particularidade, que não apenas dinamiza essa universalidade, como lhe dá sentido. E esse sentido é formulado pela própria condição do que é *ser negro*, isto é, uma condição proletária e em constante proletarização.

Se Fanon afirma: "Eu tinha necessidade de me perder absolutamente na negritude. Talvez um dia, no seio desse romantismo doloroso...",[5] é para demonstrar como as ilusões necessárias formam e dão sentido ao estabelecimento da luta e questionamento dos limites impostos pelo colonialismo. A abertura da contínua atividade da consciência em sua busca de se apropriar do futuro está aprisionada na retroversão, na qual só a exposição completa e objetiva da experiência demonstra seus percalços e suas ilusões necessárias para implodir as limitações coloniais.

É precisamente nesse passo que a questão da liberdade se efetiva; a liberdade, com relação às determinações pressupostas, só pode ser efetiva contra esse pano de fundo. Não se podem prever as consequências das nossas ações tendo em vista que, se assim procedesse, a liberdade se reduziria à necessidade. Perderíamos a retroatividade que constitui nossa experiência e mantém a abertura para a contingência radical.

---

5. *Ibidem*.

Na luta contra essa contingência, ergue-se o único suporte possível para a noção de sujeito; um devir capaz de sentido dado pela experiência deste. Por isso, o negro, no exercício de sua liberdade, mantém de pé a abertura ao futuro.

A dialética que introduz a necessidade de um ponto de apoio para a minha liberdade expulsa-me de mim próprio. Ela rompe minha posição irrefletida. Sempre em termos de consciência, a consciência negra é imanente a si própria. Não sou uma potencialidade de algo, sou plenamente o que sou. Não tenho de recorrer ao universal. No meu peito nenhuma probabilidade tem lugar. Minha consciência negra não se assume como a falta de algo. Ela é. Ela é aderente a si própria.[6]

Aqui Fanon demarca uma posição a postura dialética que encerra um trauma à consciência negra. O fato é que diante da imposição colonial que presume uma universalidade excludente, a consciência já não pode ficar impassível, ainda que tenha razão. E não pode porque ela já é inteiramente, fora dos termos de oposição binária (preto/branco), o estatuto do inexistente se apresenta imediatamente. Essa re-xistência da consciência negra, que imediatamente *é,* já é em si mesma a possibilidade do movimento dialético, o ser um que existe como múltiplo. Tentarei explicar o porquê:

Essa individualidade da consciência entendida como negra, enquanto o *Um,* já está desdobrada em si mesma, quer dizer, é como se a individualidade aqui estivesse elencada ao universal imediatamente sem, contudo, dele necessitar. Logo, o Eu=Eu da consciência-de-si negra está posto à prova de saída porque sua identidade jaz ligada ao todo concreto. A

---

6. FANON, *idem*, p. 122.

imediação fundada pela impossibilidade de reconhecimento torna a consciência imediatamente ato. Como nos fez entender Fichte lá atrás, porém, entre o Eu=Eu da consciência há uma infinidade de determinações[7] tendo em vista que é impossível escapar das mediações sobrepostas, uma vez que essa consciência é ser social.

A ação externa do mundo branco abala a calma organização desse Eu em seu movimento. O que aparece como ordem e harmonia de si para consigo torna-se, através dessa ação exterior, uma transição de opostos, em que cada qual se mostra como anulação de si mesmo. Essa "anulação de si mesmo" pressupõe um corte radical imposto pela oposição de duas tendências no interior de um mesmo plano simbólico (branco/negro).

Podemos intuir daí que há dois universais abstratos que nascem e precisam morrer juntos: 1) a perda gerada a partir do movimento imposto pela oposição (feita pelo branco); 2) o reconhecimento dessa própria perda.

Desse ponto de vista, não é possível nenhum acordo; ambas as posições são irredutíveis e, portanto, o conhecimento dessa resistência antagônica é a condição de possibilidade da ação em si, isto é, de implodir essa limitação simbólica.

Por isso, a posição irredutível defendida por Fanon é aquela capaz de reunir os cacos quebrados do que se tem por negritude e a partir dela implodir o mundo onde essa negritude foi concebida como diferença/exclusão. Sartre, que embora avançou radicalmente nas contradições colô-

---

7. FICHTE, J. *A doutrina da ciência de 1794*. Tradução de Rubens Rodrigues Torres Filho. In: _____. *Os pensadores*. São Paulo: Abril Cultural, 1984, p. 35-176.

nia/metrópole, deixou escapar que é a posição irredutível dessa particularidade que abala os fundamentos simbólicos do mundo branco e é nela que repousa o motor da luta de classes nas sociedades colonizadas.

Passar tão logo às determinações universalmente abstratas de classe é não se dar conta das determinações raciais e da sua fundamentação determinada igualmente pela exploração do capital. Aquilo que é capaz de implodir o modo de sociabilidade baseado na exploração e opressão é sua especificidade, sua singularidade determinada e irredutível. A universalidade da classe requer o seu negativo, isto é, a particularidade que a compõe e a estrutura. Necessariamente, a consciência de classe é dependente da particularidade e da especificidade dos seus componentes, não o contrário. Para citar ironicamente Sartre: "a existência precede a essência".[8]

---

8. Nesse sentido a posição de Fanon é mais sartreana que a do próprio Sartre, como vemos neste excerto: "Quanto a nós, queremos constituir precisamente o reino humano como um conjunto de valores distintos do reino material. Mas a subjetividade que nós aí atingimos a título de verdade não é uma subjetividade rigorosamente individual, porque demonstramos que no cogito nós não descobrimos só a nós, mas também aos outros." (SARTRE, J-P. *O existencialismo é um humanismo*. Tradução de Vergílio Ferreira. In: _____. *Os pensadores*. São Paulo: Abril Cultural, 1973, p. 21.)

A radicalidade do pensamento de Fanon

De novo o misticismo às cegas, sem responsabilidade ou quase isso. Depois de mais de sessenta anos desde que Fanon nos legou sua obra, estamos às voltas com velhos problemas: neorracismo[1] e busca do retorno às origens, o que naturalmente são faces de uma mesma moeda.

Por meio de muita arrogância, pela primeira vez na história, operações de polícia introjetada na psique dos potenciais descontentes se realizam na busca de condenar qualquer voz dissidente ao estabelecido. De 1952 a 2018 o capital se transformou, se amoldou às circunstâncias. Cada crise serviu para novo impulso. O negativo foi sua base de sustentação.[2]

---

1. Aqui recorro à noção de Étienne Balibar segundo o qual: "O racismo, verdadeiro fenômeno social totalizador, se inscreve em práticas (formas de violência, desprezo, intolerância, humilhação, exploração), discursos e representações que são outros tantos desenvolvimentos intelectuais do fantasma da profilaxia ou da segregação (necessidade de purificar o corpo social, de preservar a identidade do "eu", do "nós", mediante a qualquer perspectiva de promiscuidade, de mestiçagem, de invasão), e que se articulam em torno de estigmas da alteridade (apelido, cor da pele, práticas religiosas)." BALIBAR & WALLERSTEIN. *Race nation classe: les identités ambigües*. Paris: La Découverte, 1988, p. 31.

2. Retirei essa ideia do importante livro de Grespan: GRESPAN, J. *O negativo do capital:* o conceito de crise na política de Marx. São Paulo: Hucitec, 1998.

E a voz cínica já se ergue: "Fanon nada tem mais a dizer, precisamos nos ater às novas epistemologias". Novas epistemologias? Defender a filosofia banto sem o mundo banto? Trata-se disso. Um escândalo, uma regressão!

Ainda estamos aqui e ainda estamos vivos.

O mundo que acreditava ter esvaziado de significação seu entorno descobre de repente o câncer em suas entranhas. Sob o signo da catástrofe social, num horizonte francamente regressivo em que "o tempo do fim (da História) é antes de tudo um (novo) tempo de guerra",[3] de repente, ouvem-se estalos de chicote nas costas de centenas de pretos na Líbia em plena era informatizada.

Um exército de defensores do único mundo possível de prontidão se apresenta com os seus comunicados midiáticos de uma vitória permanente. O ópio do consumo paralisou a esquerda brasileira e as disputas intestinais reduzem-se à luta pela gestão da barbárie. A morte de famílias inteiras naufragadas em uma balsa no Mediterrâneo, juntamente com crianças sendo revistadas por soldados no Rio de Janeiro, apresentam o coroamento da civilização.

Nunca houve tanta violência diária e, no entanto, nunca houve tanta apatia. Com o retorno das desigualdades aos índices da era balzaquiana o mundo torna-se cada vez mais negro!

Transferência maciças de fortunas para interesses privados, desapossamento de uma parte crescente das riquezas que lutas anteriores tinham arrancado ao capital, pagamento indefinido de dívida acumulada, a violência do capital aflige agora, inclusive, a própria Europa, onde vem surgindo uma nova classe de homens e de mu-

---

3. ARANTES, *op. cit.*, p. 63.

lheres estruturalmente endividados [...] Mais característica ainda da potencial fusão do capitalismo e do animismo é a possibilidade, muito distinta, de transformação dos seres humanos em coisas animadas, em dados digitais e em códigos. Pela primeira vez na história humana, o nome Negro deixa de remeter unicamente para a condição atribuída aos genes de origem africana durante o primeiro capitalismo [...] A este novo carácter descartável e solúvel, à sua institucionalização enquanto padrão de vida e à sua generalização ao mundo inteiro, chamamos o *devir-negro do mundo*.[4]

Se isso não é uma vantagem miraculosa – como cinicamente meu ex-mentor sugeriu numa entrevista[5] – pode ser o estopim de uma nova forma de sociabilidade. Quando um ou outro estudante buscou refletir sobre Fanon, então houve indícios de que seu pensamento sobreviveu aos rebaixamentos, desvirtuações e manipulações cínicas e nada ingênuas.

Quando uma parte do movimento negro renega Fanon para aceitar de bom grado a última nota conceitual elaborada nos porões do neoliberalismo, isso só demonstra sua atualidade. E se esta discussão não é somente para apresentá-lo serve ao menos para lhe fazer, ainda que modestamente, justiça. Por que Fanon? Por que agora?[6] São

---

4. MBEMBE, *op. cit.*, p. 18.
5. Naturalmente trata-se de uma ironia com Frei David Santos, fundador da Educafro que até mais ou menos 2005 era de esquerda, momento em que ainda muito jovem militava em suas fileiras; após ser absorvida pelo PT, a Educafro abandonou sua postura de transformação social e tornou-se ONG. Segundo o Frei, ser negro agora é ter vantagem... ("Concurso da prefeitura de SP verifica cor da pele de cotistas aprovados", *Folha de São Paulo*, 26/06/2017.)
6. Estou me referindo à brilhante tese de FAUSTINO, D. M. *Por que Fanon, por que agora?*: Frantz Fanon e os fanonismos no Brasil. 2015. Tese (Doutorado). Programa de Pós-Graduação em Sociologia, Universidade Federal de São Carlos, São Carlos, SP, 2015.

questões que ressoam no solo de um mundo que se ergue sob o signo da catástrofe da escravidão moderna e num país cuja estrutura escravista está entranhada nas instituições liberais e, pior, na formação psíquica dos indivíduos. Nunca tivemos uma democracia racial, é fato, mas tivemos uma "democracia racista".

Quando Fanon discute a linguagem e se depara com as patologias envoltas da psique negra chega rapidamente à conclusão de que a patologia é da própria sociedade colonizada. No campo da linguagem a "racionalidade universal" demonstrou-se justificadora da racialização da humanidade para a manutenção e encobrimento da exploração capitalista. Da biopolítica passou-se à necropolítica; no Brasil nunca se tratou de domínio dos corpos, mas sim das escolhas prementes de um estado de exceção que escolhe quem pode morrer e ser invisibilizado.

Do mesmo modo, os místicos são só a cara da coroa de uma mesma moeda no cofre do rentabilismo. Da Martinica às Ilhas Salomão, não há um modo de sociabilidade que não esteja sob domínio do Império. Enquanto na Europa grupos identitários voltam a reivindicar suas origens arianas, no Brasil grupos débeis paulistas querem se separar do resto do país. Esses sintomas, porém, não bastaram para demonstrar para alguns setores do movimento negro a loucura patológica de reivindicar as origens... ou como disse Fanon, a Origem...

Depois de 60 anos de atraso em relação ao formulado por Fanon, poderia me perguntar: as figuras da consciência não avançaram deste lado do Atlântico? Permanecemos imobilizados? O desmoronamento do "bloco socialista" não deveria ser entendido como a inelutabilidade do próprio processo de desmoronamento do sistema fundado pela escravidão moderna? O retorno folclórico das caricaturas históricas não deu em farsas, senão em comédias intragáveis.

A crise tornou-se forma de governo.

Se a filosofia banta não conhece a miséria metafísica da Europa, a miséria metafísica da Europa impôs seu mundo. É isso que Fanon quer demonstrar ao atacar as formas místicas e reacionárias que tentam reviver aquilo que foi morto pela máquina. Se a existência dos bantos se situa no plano do não-ser é justamente porque sua sociedade é uma sociedade fechada e ainda não tinha conhecido a violência da história.

Violência que se impôs a ferro nos calcanhares e fogo nos peitos. Não é em vão que antes de comentar a filosofia banta, Fanon cite um longo trecho do desgraçado mundo do *apartheid*. Num outro texto desconhecido se lê: "as raças que dividiam a humanidade de forma irreversível sobrepõem-se à igualdade dos cidadãos das cidades. A realidade racial supera qualquer teoria do direito. Desse modo, a cada raça cabe um lugar no mundo".[7] É por esse motivo que a universalidade pressuposta pelo mundo colonial exclui de seu *Todo* o negro. Com efeito, aquela loucura de atingir uma universalidade mítica e imediata demarcando um lugar próprio nessa cadeia, dada por formas de vida que desapareceram com o choque colonial, sendo ingênua, é, contudo, amplamente aproveitável por formas de mercado que em seu nicho se abre para o afroempreendedorismo.

Alioune Diop, como representante máximo desse tipo de posicionamento que tende ao universal sem mediação,

---

7. SANTOS, G. A. *A invenção do ser negro*: um percurso das ideias que naturalizaram a inferioridade dos negros. São Paulo: Educ/Fapesp, 2006, p. 53.

numa busca regressiva das origens, é ironizado: "O preto se universaliza, mas do Liceu Saint-Louis, em Paris, um deles foi expulso: teve a ousadia de ler Engels";[8] e Fanon continua: "Já adivinhamos Alioune Diop a perguntar-se qual será a posição do gênio negro no concerto universal. Ora, afirmamos que uma verdadeira cultura não pode nascer nas condições atuais."

E quais condições são essas? De 1952 a 2018 eles dirão: muita coisa mudou. Nós diremos: muitas coisas mudaram, mas a exploração, e sua consubstancial opressão, continua em escala ainda pior.

As novas coordenadas ideológicas efetivadas pelo ruir da modernidade a partir dos anos 1970 são determinadas por dois pressupostos que arrasaram quarteirões: por um lado, os direitos e valores tornaram-se historicamente particulares, não podem ascender à universalidade; por outro, há a suspeita universalizada que destitui qualquer noção mínima de corpo político que não aquela já estruturada pelo jogo eleitoral; qualquer noção que esteja para além da ordem do dia é atacada como ilusória e oportunista.

A loucura da busca da identidade hipostasiada só indica que o mundo do trabalho ruiu.

A pergunta "Por que Fanon? Por que agora?" talvez, tenha nisso sua resposta. Já sabemos que tais pressupostos são antagônicos à formulação de Fanon.

O mecanismo fundado pela ideologia em tempos de capitalismo financeirizado e altamente manipulatório não se baseia mais no engajamento do indivíduo como sujeito capaz

---

8. FANON, *ibidem*.

de alterar as coordenadas pressupostas do esquema. Ironicamente é como se todos já estivessem naquela universalidade do não-ser banto.

O liberalismo em tempos de financeirização propõe uma espécie de direito neutro que escapa da determinação social (a exemplo do que já impõe na economia); estamos agora na esfera de um direito livre – isto é, sem a imposição da população – que pode efetivar uma ordem política desejada sem a necessidade de sujeitos políticos.[9]

Logo, as soluções certas são reconhecidas pelo fato de que não precisam ser escolhidas.[10] Nada melhor que um técnico para tirar as dúvidas; um governo dos mais capazes! Governar sem povo, porque o próprio povo se tornou não apenas indiferente senão inútil para o estabelecimento das vias do sistema, parece ser uma prerrogativa acertada, pelo menos para a elite econômica. Aliás, tanto nos EUA quanto no Brasil essa "verdade" azeda o estômago.

Toda a questão das lutas é reduzida à esfera da visibilidade e da representatividade, que tem seus lastros na própria forma de uma democracia golpeada em época de um Eu-empresa que impõe a concorrência onde não há, ou não deveria haver. A identidade sem relação com o outro é a bola da vez, enriqueça-a e venda-a como produto por meio de um volumoso currículo de ações solidárias. Quer dizer, aceita-se de antemão a derrota para logo em seguida transformá-la em triunfo mercadológico.

---

9. Podemos concluir que o componente jurídico que se seguiu ao golpe no Brasil se serve dessa noção.
10. A esse respeito ver RANCIÈRE, J. *O odio à democracia*. São Paulo: Boitempo, 2014.

Ora, acima eu havia chamado a atenção para a noção de identificação; agora, ela retorna em sua forma sintomática para refletirmos sobre os dias atuais. Por um lado, o mercado aposta na identificação dos grupos; não precisa existir democracia se nossa identificação for guiada por líderes e técnicos capazes de fornecer o melhor para nós. Por outro, a tentativa de questionar tais pressupostos, ainda que tenha razão, de acordo com a ideologia dominante sempre acaba em assassinato, maior opressão e desequilíbrio social, que pode pôr tudo a perder. Por fim, o recado é claro: a transformação social internacional é uma utopia de assassinos sedentos de poder.

A ideologia atual deixa evidente que as formas políticas capturadas pelo mercado são só uma aliança oligárquica entre ciência e riqueza que exige todo o poder. Os discursos que se voltam para os particularismos, inclusive em toda a sua caricatura (quem não assistiu as propagandas políticas de Hillary Clinton?), retomam o velho princípio da filiação em uma comunidade enraizada no sangue, na cor da pele, na religião[11] e no respeito a todas, desde que elas não se misturem...

---

11. Com esse diagnóstico da ideologia atual não fica difícil entender por que grandes setores da esquerda progressista nacional receberam de braços abertos um filme terrível e reacionário como *Pantera Negra*. O filme apresenta claramente qual seria o projeto que poderia fomentar um desenvolvimento técnico e econômico sem precedentes – segundo a visão imperialista, é claro: um Estado sem intervenção da democracia. Se o Negro até hoje viveu às margens da sociedade, oferta-se a ele a adesão ao consenso eterno que repudia os conflitos antigos e dobra-se às soluções dos especialistas que só podem discuti-las com os representantes escolhidos pelos deuses que compõem a oligarquia.

Atomizar as comunidades e indivíduos, apelar para a característica particular, gerar identificação são as premissas básicas do controle social exercido na *era da emergência*. Posso ter contato com outros grupos, mas sem estabelecer com eles relações, eis o pressuposto posto do controle atual.

É como se estivéssemos na prisão do seriado de *Orange is the New Black*,[12] cujos gestores fossem nossos governantes e cada um tivesse sua comunidade própria e não se misturasse.

Naturalmente, numa sociedade forçosamente miscigenada como a nossa, tais imposições do mercado imperialista entrariam em curto-circuito. Espalhar essas ideias por aqui tem encontrado um terreno insólito cujo adubo é paradoxalmente fornecido pela classe média letrada, que, dentro de seus confortáveis apartamentos, tornam o *tour* pela favela algo exótico.

Mas, a lucidez ainda brada: "[...] o problema negro não se limita ao dos negros que vivem entre os brancos, mas sim ao dos negros explorados, escravizados, humilhados por uma sociedade capitalista, colonialista, apenas acidentalmente branca."[13]

Ao retirar o essencialismo e a cristalização categorial, Fanon permitiu pensarmos para além dos limites pressupostos

---

12. Seriado famoso que teve a lucidez de demonstrar em toda sua força a incapacitante noção de identidades estanques e não-relacionais no interior da prisão. Todas as formas de controle social e gestão da miséria ficam estampadas em sua narrativa sob um único atributo: defender as comunidades negra, latina, branca e religiosa sem deixar que elas se relacionem. O recado é bem claro: estamos todos numa prisão sendo conduzidos por gestores da miséria. Falar sobre esse seriado, contudo, equivaleria a um capítulo à parte que fugiria de nosso tema.

13. FANON, *op. cit.*, p. 170.

pelo jogo. A radicalidade de seu pensamento ecoa ainda hoje com a lucidez que golpeia o misticismo e a obscuridade, que, infelizmente, grassa em grande parte do mundo contemporâneo...

O MOVIMENTO NEGRO E O MISTICISMO

> As situações de vantagem ou desvantagem de uma ou outra raça no sistema capitalista de países específicos decorre de contextos históricos. Razão pela qual, para extinguir os males advindos do capitalismo, não adianta querer "identitarizar" o capitalismo. (*Bobby Seale*)

Os limites do problema

Este pequeno ensaio não trata de uma pesquisa histórica, nem tampouco sociológica. O esforço aqui é o de esboçar uma história do desenvolvimento das ideias para, com isso, desmistificar posições teóricas que se tornaram força material e impregnaram as ações de grande parte do *Movimento Negro*.

Mas, repetindo uma pergunta feita lá atrás por Lélia Gonzalez: será possível falar do Movimento Negro?[1] Sabemos que o Movimento Negro é só uma abstração para indicar lutas que se baseiam na compreensão da estrutura racial do país, e nas formas ou de minimizar tais resultados – grande parte dos setores – ou de superá-la – posições minoritárias. Ele é múltiplo e mais dinâmico que nossas categorizações.

A posição hegemônica, aquela de minimização dos resultados catastróficos de uma estrutura econômico-social racializada, contribuiu para o desenvolvimento das lutas em diversas frentes, obtendo, não neguemos, alguns êxitos contra os resultados devastadores e assassinos do racismo brasileiro. Daí que a história do MNU (*Movimento Negro Unificado*) é necessariamente o filtro por onde as ideias hegemônicas passaram.

---

1. GONZALEZ & HASENBALG. *Lugar de negro*. Rio de Janeiro: Marco Zero, 1982.

A despeito dos avanços obtidos, principalmente no que se refere ao debate sobre o racismo, entretanto, a violência e o assassinato das pessoas negras aumentaram nas periferias. No exato momento em que grandes setores do movimento negro foram cooptados para a máquina burocrática do Estado, sob a égide do PT, houve juntamente o aumento exponencial do número de assassinatos de jovens no Brasil.[2]

A Região Nordeste, abandonada pelos olhares clínicos dos especialistas, vive hoje em estado de guerra permanente. Na Região Norte, em um único presídio tivemos a morte de 56 presos em condições das quais os "bárbaros" se envergonhariam.[3]

Os números de assassinatos compreendidos entre 2005 e 2015 tiveram um aumento de 17,2% entre indivíduos de 15 e 29 anos. Com 59 mil assassinatos por ano, dos quais a maioria recai nas costas da população negra. Vivemos uma catástrofe social difícil de encontrar parâmetros no cenário mundial.

Essa dolorosa realidade solapou a ideia, veementemente combatida pelo MNU, de *democracia racial*. Hoje, graças ao empenho de seus atores políticos e à gritante realidade racialmente cindida, qualquer pessoa com razoável coeficiente cognitivo não leva a sério essa noção.

Também os resultados da era lulista não foram tão bons para aqueles que vivem nas periferias deste país. Com todo o ódio de classe jogado nas costas da população negra, não me parece mais uma opção apostar todas as fichas no jogo

---

2. *Cf. Atlas da Violência* 2017.
3. "Matança em presídio de Manaus é uma das maiores desde Carandiru", *G1*, 02/01/2017.

político posto nos limites da representatividade forjada e hegemonizada pela oligarquia financeira. O paradoxo é que tampouco pode-se abandoná-lo.

Se fracassamos, esta crítica é uma tentativa de fracassar melhor. A representação política só se torna legítima em condições de igualdade democrática na disputa, algo nunca existente na maneira como o jogo eleitoral se processou desde a refundação democrática, quando o componente econômico e controle da mídia por oligopólios se tornaram decisivos.

No olhar retrospectivo se comprova que toda aquela tentativa de hegemonia à esquerda recaiu em regressão: uma violência desmesurada impregnada pelas formas de administração e controle dos corpos impresso pela economia de mercado. Uma verdadeira calamidade social que se refletiu numa necropolítica violenta e da qual o Estado de exceção é só uma normalidade histórica e colonial.

Como diz Achille Mbembe num diagnóstico preciso dos novos desdobramentos de organização social sob a égide do capitalismo contemporâneo:

[...] os novos processos de racialização visam marcar esses grupos de populações, fixar do modo mais preciso possível os limites no seio dos quais elas podem circular, determinar do modo mais exato possível os espaços que elas podem ocupar, em suma, assegurar as circulações num sentido que permita afastar as ameaças e assegurar a segurança geral. Trata-se de selecionar esses grupos de populações, de os marcar a um tempo como "espécies", "séries" e como "casos", no seio de um cálculo generalizado do risco.[4]

---

4. Achille Mbembe em *A universalidade de Frantz Fanon*.

A invasão das favelas com tanques do exército só confirma a tese.

Ora, se só no fim se compreende o começo, nossa aposta é precisamente demonstrar os pontos de suturas e cordialidade com o *status quo* que foi levado adiante por grande parte da esquerda. Penso que a crítica radical à hegemonia identitária, em sua limitação à esfera de visibilidade representativa no interior do atual sistema, é mais que central.

Não se pode esquecer, contudo, que a necessidade da identidade é na verdade a resposta política a um sistema cuja universalidade é excludente. Tenhamos calma e não caiamos no engodo de reduzir tudo à *universalidade* da classe. Para evitar isso, Fanon e seu pensamento especulativo, como ficou evidente linhas acima, nos trouxe grandes lições.

A compreensão da necessidade do particular demonstra que é a própria incompletude que fomenta a totalidade. Dizíamos acima que a existência precede a essência: nada mudou.

O *Outro* contraditório é o que nos constitui a partir do momento em que expressa uma consciência negativa ao nosso Eu=Eu. Nossa identidade, momento no qual a experiência fundamenta uma subjetividade, depende do elemento externo negativo que necessita de uma outra consciência.[5] O

---

5. Temos uma interpretação desse duelo entre consciências que foi sinalizado por Cossetin, quando diz que: "A ênfase na corporeidade marca o encontro das consciências-de-si e tem como principal objetivo o desejo de reconhecimento cuja origem está num confronto que expressará a ascensão da consciência sobre a sua existência corporal objetiva e meramente natural. Por tal razão é que o estremecimento corpóreo será a experiência do modo e da sensação da consciência-de-si para si mesma, a experiência da diferença consigo mesma e também o meio imediato pelo qual ela se manifesta para outros, forma de sua objetividade. Para que o reconhecimento

Um como o negro se apresenta é imediatamente desdobrado em si mesmo. Ela (a identidade) sempre é mutável e vazia, como a posição do sujeito, é descentrada, disjuntiva em um ponto entre *ser* e *não-ser* que a sustenta e vai se sustentando por meio da experiência.

Por esse motivo, o hipotético-leitor já deve ter se dado conta de que a apreciação de Fanon, que fizemos na primeira parte, serve como fio condutor desta crítica. Sendo Fanon nosso Vírgílio, não tenhamos medo de adentrar as orlas daquilo que concebemos como *Movimento Negro* hegemônico.

Não farei aqui, como disse, uma história desse "movimento"; me limitarei somente a demonstrar como os componentes teóricos fermentados por seus intelectuais nos guiaram até esta sinuca de bico em que, por um lado, nos digladiamos pelas misérias ofertadas pelo poder, enquanto, por outro, massacres perpetrados pelo Estado ocorrem impunemente e somos incapazes de uma resposta efetiva.

---

efetivamente ocorra, contudo, é necessário que ambas as consciências se deem conta de que seu agir e existência dependem uma da outra." (*Cf.* COSSETIN, V. L. F. *A dissonância do absoluto*: linguagem e conceito em Hegel. Ijuí: Editora Unijuí, 2012, p. 101). Tal interpretação destaca um movimento interessante a respeito da questão dos corpos, na luta entre Senhor e Escravo; no entanto, perde de vista a coisidade e o trabalho como coerção e, ao mesmo tempo, realização da consciência. Mais profunda nessa questão, a postura de Judith Butler – ao refletir sobre a questão dos corpos, sem perder de vista a categoria do trabalho – permite-lhe enxergar a questão da subordinação ilimitada empreendida pelo ato de trabalhar e pela falta do ato declamatório, justificando assim a fuga do estoicismo etc.

Contra o misticismo do trabalho libertador

Um dos diagnósticos que já podemos fazer de saída é que grande parte da tradição marxista ortodoxa apostou numa vinculação total do componente racial à estrutura produtiva.

O construto teleológico concebido como progresso, a noção de um desenvolvimento histórico em linha ascendente e a aposta no trabalho como suposta libertação incapacitaram uma crítica mais fecunda que decifrasse a forma como o componente de *desigualdade racial* fora integrado ao modo de funcionamento do capital.

O engodo causado por esse tipo de noção é acreditar que há uma progressão histórica necessária capaz de absorver as demandas produzidas no seio da sociedade civil burguesa, quando, pelo contrário, essas produções de demandas são o próprio movimento no interior dessa sociedade na forma de seu excedente perpétuo comandado pelo capital.

Isso significa que a estrutura do capital no seu elemento, para citar velhos fantasmas, *desigual* e *combinado*, produz anomalias sociais que na verdade fornecem ao modo de produção e reprodução social os componentes necessários para manter o grau de valorização do capital intacto, sua taxa de lucro e, com isso, a realização do processo total de circulação.

O processo pelo qual a produção e reprodução de mercadorias historicamente determinadas pelo trabalho repõem seu contínuo movimento é também aquele que fornece os componentes necessários para a realização da circulação. A questão é que a própria mercadoria estabelece a forma de relação social e não há por detrás dela nenhum conjunto de relações senão o da própria mercadoria.

Historicamente, enquanto o negro era escravo, isto é, enquanto sua mão de obra não se constituía como mercadoria, ele permanecia no interior de uma relação de exploração total. A partir do momento em que o capital pagou pela sua força de trabalho, então, o antigo escravo passou a ser descartável.

Uma pequena mostra do trabalho de Florestan Fernandes diz um pouco desse processo brutal em que a liberdade recém-conquistada se confundiu com uma invisibilidade social radical. "Eliminado para os setores residuais daquele sistema, o negro ficou à margem do processo, retirando dele proveitos personalizados, secundários e ocasionais."[1] Noutras palavras, a possibilidade de integração do negro na sociedade foi solapada pelo processo de concorrência com o branco.

O problema é que esse processo concorrencial no mercado de trabalho jamais se esgotou, e a composição do próprio mercado fundamentou áreas nas quais o artifício racial se tornou determinante. Não é difícil perceber a discrepância racial até hoje existente em serviços como o doméstico –

---

1. FERNANDES, F. *A integração do negro na sociedade de classes*: o legado da raça branca. São Paulo: Globo, 2008, p. 36.

verdadeira herança escravagista – e os setores da construção civil, só para ficar em dois exemplos.

Voltando a balizar nossa crítica à história das ideias, é preciso concluir daí que a famosa *dialética do senhor e escravo* hegeliana, mal interpretada por grande parte dessa tradição, foi positivada e seus resultados foram vistos com olhar otimista. O que quero dizer com isso é que houve sempre uma posição de otimismo em relação aos resultados do desenvolvimento do trabalho por parte da vulgata marxista.

Foi só com Judith Butler que um outro modo de interpretação foi construído a partir da noção de trabalho e sujeição.[2] Evidenciando de saída os problemas encontrados na noção de progressão histórica e o *status* de um sujeito que resume em si a universalidade, Butler retoma a noção de *dominação e escravidão* de um ponto de vista distópico, que muito tem a nos ensinar.[3]

Em primeiro lugar, invertidos os sinais da equação senhor/escravo, como resultado negativo não há uma saída luminosa para o escravo no interior dessa dialética. "O escravo surge como corpo instrumental cujo trabalho provê as condições materiais da existência do senhor, e cujos produtos materiais refletem tanto a subordinação do escravo quanto a dominação do senhor."[4]

---

2. BUTLER, J. *A vida psíquica do poder:* teorias da sujeição. Trad: Rogério Bettoni. Belo Horizonte: Autentica, 2017.

3. Não se pode esquecer, contudo, de Althusser, que pensa a noção de sujeição como interpelação, por exemplo, algo que será determinante para a crítica de Butler. (ALTHUSSER, L. *Ideologia e aparelhos ideológicos de Estado. In:* ŽIŽEK, S. (Org.) *Um mapa da ideologia.* Rio de Janeiro: Contraponto, 1996, p. 105-142).

4. BUTLER, *op. cit.*, p. 43.

Em segundo lugar, a própria noção de corpo instrumental tem um significado importante para nós: o negro reduzido a cor da pele, e desumanizado em sua humanidade, sofre no próprio corpo os resultados da exploração imposta pelo senhor. Aliás, ele se reduz ao corpo (não nos esqueçamos da profunda discussão de Fanon sobre a genitália).

Num primeiro momento o escravo é posto como mero instrumento e, portanto, reflexo do senhor. É como se na relação colonizada estivesse preso à descorporeidade do branco. O branco é um desejo sem corpo que obriga o negro a agir como seu corpo. Porém, o escravo sabe que não age como uma extensão do corpo do senhor e por isso sabe que pode ser um agente autônomo. No entanto, nessa lógica, o escravo ainda age como mero reflexo, pois ainda se encontra no interior da estrutura de dominação imposta pelo senhor.

É essa forma de mero reflexo que deve ser negada pelo escravo – temos aqui uma voz de Fanon, que por outros caminhos chega ao mesmo resultado. Nos pressupostos dados pelo senhor, foi concedida uma falsa autonomia; a ação do escravo permanece presa no interior da lógica colonizadora. Quanto mais ele concebe para si uma autonomia por meio do seu trabalho,[5] mais escravo se torna. Com efeito, as formas de exploração via trabalho são o próprio limite a ser superado, isto é, a estrutura mesma da relação capital/trabalho deve ser implodida.

Hegel deixa claro que a liberdade conquistada pelo escravo nesse processo não é verdadeira e, por isso, ele se volta para o interior de si mesmo...

---

5. Trabalho = *tripalium*: Três paus, a que eram amarrados os animais bravios, alimentados no mínimo vital, até se tornarem mansos, domesticados.

Ao contrário dessa exposição, porém, o trabalho passou a ser o sumo bem, e quem é capaz de trabalhar passou a ser glorificado. Logo, o vagabundo, identificado como aquele que não encontra trabalho, torna-se um cidadão de segunda ordem, visto com desconfiança geral e diminuído em sua humanidade.

Nos processos coloniais o negro foi aquele que, alijado dos processos modernizantes da indústria e comércio, tornou-se estigmatizado pela teologia do trabalho. Podemos lembrar aqui as diversas formas como a malandragem e a vadiagem se tornaram um componente epidérmico estruturado a partir do racismo naturalizado e, como efeito, até hoje o negro é visto como um vagabundo até que prove o contrário.[6]

Com um processo de integração racial totalmente reduzido ao processo de valorização e produtividade do capital, a absorção da mão-de-obra negra nunca foi um requisito necessário e, por isso, a cor da pele tornou-se, para as polícias, sinônimo de trabalhador ou vagabundo.

Numa sociedade estruturada em nome do trabalho, e que carrega como emblema da sua bandeira o horroroso lema *ordem e progresso*, esse aspecto estrutural de sua organização caiu como chicote do *capitão do mato* no lombo do negro.

O *etos* protestante do trabalho, desenvolvido por uma gama de teóricos, sublinhou ao máximo "a oposição en-

---

[6]. A análise que Candido empreende sobre *Memórias de um sargento de milícias* é sem dúvida um dos caminhos mais lúcidos para se compreender como a malandragem efetiva um componente de integração que inclusive coloca em risco algumas das "virtudes" da metrópole (CANDIDO, A. Dialética da Malandragem (caracterização das Memórias de um sargento de milícias), *Revista do Instituto de Estudos Brasileiros*, nº 8, São Paulo, USP, 1970, p. 67-89.

tre trabalho e não-trabalho".[7] A questão é que tal oposição não ficou somente entre trabalhadores/capitalistas, mas também entre trabalhadores/não empregados.

Igualmente, o componente racial como atributo absorvido pelo mercado de trabalho fundamenta uma divisão no próprio seio da classe trabalhadora. Assim, não são os negros que são divisionistas, senão o próprio sistema que integra a massa trabalhadora. Podemos perceber como a questão do negro adentra essa perspectiva por um prisma antagônico e alheio àquela noção de dignidade pelo trabalho professada por grande parte da esquerda.

Aliás, talvez um dos fatores comuns em ambos os espectros políticos é o elogio acrítico ao trabalho. Tanto a esquerda quanto a direita fetichizam a sujeição que atende pelo nome de trabalho.

A posição do negro, contudo, paradoxalmente se firmou fora daquela unilateralidade da defesa de classe confundida com a defesa da labuta. A questão aqui é um tanto mais complexa: a defesa de uma sociedade do trabalho nega a sua oposição constitutiva: o capital. Separados os dois polos reciprocamente antagônicos que fundamentam a realidade contemporânea – trabalho/capital – chegou-se numa superestimação de uma sociedade do trabalho cuja verdade é o pórtico de Auschwitz.[8]

Quando digo isso espero ressaltar toda a tragédia humana envolta na noção de trabalho como dignidade do homem em seu artifício racializado sem, no entanto, deixar

---

7. Uma das críticas mais contundentes à teologia do trabalho aparece na obra de Jappe. (In: JAPPE, A. *As aventuras da mercadoria*: para uma nova crítica do valor. Lisboa: Antígona, 2006).

8. Lê-se no pórtico: O trabalho dignifica o homem.

de indicar a necessidade do trabalho para sobrevivência comum enquanto estivermos sob o império da mercadoria. Sabemos que a noção de raça, juntamente com a defesa religiosa do trabalho durante a Segunda Guerra mundial, foi o componente central da *solução final*. Cumprir o dever do trabalho e defendê-lo cegamente são questões das quais os resultados jamais deveriam ser esquecidos.

Na questão da cooperação, não havia diferença entre as comunidades altamente assimiladas da Europa Central e Ocidental e as massas falantes do iídiche no Leste. Em Amsterdã assim como em Varsóvia, em Berlim como em Budapeste, *os funcionários judeus* mereciam toda confiança ao compilar as listas de pessoas e de suas propriedades, ao reter o dinheiro dos deportados para abater as despesas de sua deportação e extermínio, ao controlar os apartamentos vazios, ao suprir forças policiais para ajudar a prender os judeus e conduzi-los aos trens, e até, num último gesto, ao entregar os bens da comunidade judaica em ordem para confisco final.[9]

Ora, então chegamos em dois resultados: primeiro, aquela noção de absorção do componente racial pelo modo de produção capitalista se revelou falha, uma vez que o modo de produção e reprodução do capital absorveu o componente racial em sua estrutura, delegando locais e áreas "especiais" para os pretos. Segundo, a própria defesa acrítica de uma sociedade do trabalho fez com que a crítica se mantivesse nos limites impostos pelo próprio capital, considerando essa estruturação racialmente desigual como algo sem muita importância.

---

9. ARENDT, H. *Eichmmam em Jerusalém*. Tradução de José Rubens Siqueira. São Paulo: Companhia das Letras, 1999, p. 134 (grifos meus).

Paradoxalmente, porém, isso não indica que o capital não possa absorver o *negro*; é a sua estrutura competitiva e em si mesma vazia (quer dizer, o capital é uma fantasmagoria, uma abstração real) que promove a disputa entre o todo social. "A Ordem simbólica não é apenas sempre-já pressuposta como o âmbito único da existência social do sujeito: essa própria Ordem só existe, só é reproduzida na medida em que os sujeitos nela se reconhecem e, por repetidos gestos performativos, nela assumem reiteradamente seus lugares."[10]

Com isso posto, já podemos compreender as limitações com que temos que lidar atualmente no interior do Movimento Negro. Se, por um lado, abandonar a esfera da visibilidade é um suicídio que implica vidas e formas de subsistência, por outro, tomar a desgraça por redenção, isto é, adotar as limitações impostas pelo modo como o poder econômico se estrutura com essa esfera de visibilidade, é se colocar ombro a ombro com a exploração.

O que vou demonstrar doravante é que na maioria das vezes os teóricos do Movimento Negro aqui no Brasil adotaram essa postura.

---

10. ŽIŽEK, S. *O sujeito incômodo*: o centro ausente da ontologia política. Tradução de Luigi Barichello. São Paulo: Boitempo, 2016, p. 281.

A origem do mito e a construção de um epígono

Apesar de tudo que foi exposto poder soar como novidade, essa impressão é um engano. Há muito tempo se estuda a questão negra e a questão da África de um ponto de vista que coloca em xeque aquilo que foi tido tradicionalmente como "África". Não se trata de inventar a roda, mas de retomar uma discussão para empreender uma nova força material que nos leve a questionar o *status quo*.

Foi Mudimbe quem buscou descontruir aquilo que se convencionou chamar de Africanismo, evidenciando como o problema de pensar a África já é um problema ocidental, e o adjetivo *africano* já é uma invenção para controle dos corpos negros.[1]

Salienta-se, contudo, que as posições, em geral, mais do que meras diferenças epistemológicas, se revelam como diferenças políticas. Por trás de uma posição teórica que pode soar ingênua há mecanismos conscientes e inconscientes que podem se tornar força material de gestão e controle, ou de quebra da gestão e do controle.

---

1. MUDIMBE, V. Y. *A invenção da África:* gnose, filosofia e a ordem do conhecimento. Luanda: Edições Pedago, 2013.

Os exemplos disso já estão desenhados na própria história recente do continente africano. Muitos de seus países conseguiram emancipar-se apenas no século XX e grande parte das teorias deram corpo às diversas práticas. Práxis diversas que muito sangue derramaram e seguem abertas em suas variações.

É desanuviando esses princípios que podemos nos acercar do instigante debate sobre África sem cair naquele romantismo reacionário e hipócrita que vem tomando grande parte do debate no cenário conservador atual. A famosa onda conservadora atinge todos os meridianos ideológicos. Desconfiemos dos heróis, portanto.

Para entender a posição de Abdias do Nascimento é preciso apreender seu contexto histórico eivado de disputas teóricas que aconteciam na vida política do continente africano.

Por um lado, existia um pensamento hegemônico que buscava resgatar as supostas raízes africanas e consolidar um Estado africano, ou seja lá o que for. Algo que pudesse reunir os negros do globo distanciados pela diáspora violenta motivada pela invasão dos colonizadores. Como este texto não deixa de ser expressão política, considero esse pensamento muito próximo da direita e a partir da década de 70 totalmente integrado às formas de gestão da barbárie capitalista. O triunfo desse pensamento significou a ruína e assassinato dos Panteras Negras.

Por outro lado, existia um pensamento minoritário encarnado principalmente nas figuras de Frantz Fanon e Aime Cèsaire, que reivindicavam uma nova universalidade a partir da destruição sociossimbólica impressa pelo domínio colonial burguês. Isto é, a busca de uma efetiva universalidade, que suprimisse a exploração do homem pelo homem, já que o embrião e desenvolvimento capitalista impediu o florescimento de uma comunidade livre e igual de pessoas e constitui uma universalidade excludente mediada pela e para a mercadoria.

Naturalmente, Abdias, coerente com sua práxis política iniciada na *Frente Negra Brasileira* e desdobrada na *Ação Integralista Brasileira*, será adepto da primeira.[2]

Seja como for, analisar as múltiplas contradições daquilo que ficou conhecido como *Pan-Africanismo*[3] seria uma tarefa titânica e fugiria ao tema central deste pequeno ensaio, que visa tão somente desmistificar posições enraizadas no Movimento Negro atual. Mas cumpre dizer que no interior do Pan-Africanismo existiram e existem várias correntes que vão da extrema esquerda à extrema direita.[4]

Se nem tudo que reluz é ouro, nem toda posição que se aparenta como progressista de fato o é. Muitos movimentos de libertação nacional na África em sua multiplicidade aca-

---

2. A Ação Integralista Brasileira era fascista, não tinha só tons fascistas como alguns "abdistas" fazem supor. Tinha um componente totalmente autoritário, e sua busca de integração passava pela uniformização social com base no sonho da Ordem e Progresso. Respondia por um nacionalismo chauvinista que de fato nunca saiu da teoria de Abdias, seja por uma África mística, seja por um Brasil cuja identidade negra funde guetos separados travestidos de quilombos ("A importância de Abdias do Nascimento para a história do Brasil", *Brasil de Fato*, 10 novembro 2014).

3. É fato que também o que se chamou pan-africanismo é heterogêneo e existem posições à esquerda e à direita do processo. Du Bois e Marcus Garvey são as figuras proeminentes que representam esse antagonismo político-ideológico no seio do pan-africanismo. O primeiro, de esquerda, o segundo, admirador do fascismo.

4. Os epígonos de ambos os espectros políticos no interior das lutas pan-africanistas são respectivamente Du Bois, à esquerda, e Garvey, à extrema direita.

baram por consolidar e manter a estrutura de exploração do capital. Quando isso encontrou estruturas arcaicas de fetichismo religioso, ao contrário das previsões "civilizatórias", o que se viu foi uma radical exploração em nome desse fetichismo.[5]

Fanon, até o fim, combateu esse tipo de posição lutando ao lado da *Negritude*.[6] Hoje, se não dá mais para manter ilusões, convém mostrar como elas foram engendradas. Como esse romantismo conservador foi estruturado é a primeira forma de combate.

---

5. Não se pode esquecer da terrível tradição milenar escravagista da Mauritânia, por exemplo, onde mais de cento e cinquenta mil pessoas são escravas.

6. A Negritude foi um importante movimento de poetas e críticos que se encontraram na Sorbonne: Aimé Césaire, René Depestre, Léopold Sédar Senghor são alguns dos principais nomes que depois se converterão em revolucionários nas guerras de independência. Este último tinha uma diferença radical com as posições de Fanon, pois reivindicava posições estritamente identitaristas. Também o fato de ter surgido da Sorbonne não é algo pouco importante. É daí que surge a noção de uma África idealizada.

Em busca da África perdida?

Foi só com Mudimbe que as posições identitárias começaram a ser questionadas, para não falar da desconstrução da noção *pan-africanista;* por isso, não é de se espantar que esse filósofo seja pouco conhecido por aqui. Fazendo uma espécie de história das ideias sobre a África, Mudimbe desnuda o condão que funda uma noção mística de África homogênea.

É em meados do século XIX que, sobre o cavalo branco do iluminismo, cada vez mais as ditas ciências humanas se voltam para a compreensão dos africanos. A *ethnè*[1] é então particularizada e funda uma nova doutrina: a *etnologia*. Arma de guerra a serviço das metrópoles, Mudimbe nos faz lembrar que a etnologia já era um saber branco ocidental que atribuía uma diferença (inferioridade) aos demais povos. Já era, portanto, uma racialização que impunha formas de tratamento e sociabilidade diferentes de acordo com os aspectos fenotípicos.

Sobretudo no continente africano, a etnologia foi utilizada como um discurso que buscava fundar uma alteridade africana particular e homogênea. Se, por um lado, procurava descrever os modos e vivências dos nativos, por outro, objetivava uma verdadeira política de domesticação dos modos e costumes dos povos. No registro da dominação, o ne-

---

1. "Povo" em grego.

gro de início é apresentado como um fenômeno diferente, como um ser estranho e anódino, algo que carecia de explicação racional.

Esse exercício de verdadeira colonização era empreendido por duas medidas reciprocamente complementares demonstradas por Mudimbe: a) por meio da análise das "instituições" nativas; b) através da busca do homem ingênuo rousseauniano; o bom selvagem como uma figura ideológica no interior do grande continente.

Por aí já é possível perceber como um discurso alienígena funda uma noção de África que será levada adiante principalmente pelos negros da diáspora.[2]

Poder-se-á pensar que esta nova configuração histórica significou, desde as suas origens, a negação de dois mitos contraditórios: nomeadamente, a "imagem hobbesiana de uma África pré-europeia, onde não existia a noção de Tempo; nem de Artes; nem de Escrita; uma África sem Sociedade; e, pior ainda, marcada pela perpetuação do medo e pelo perigo de uma morte violenta": e ainda a "imagem rousseauniana de uma era africana dourada, plena de liberdade, igualdade e fraternidade".[3]

É desse modo que a velha antropologia é erguida para lidar com o "primitivo". Unindo as descrições das normas, as formas da consciência e a tentativa de captar a projeção individual com o aporte das ciências naturais, os estudiosos europeus buscaram compreender e designar a estrutura cognitiva dos africanos, coisificando-os.

---

2. Aqui marco essa distinção para evidenciar que grande parte da população do continente africano permaneceu aquém dessas categorizações.

3. MUDIMBE, *op. cit.*, p. 15, *apud* HODGKIN, 1957, p. 174-5.

São esses estudiosos que vão erguer o mito de estruturas pré-lógicas no homem africano e caracterizar o Ocidente como o local da fria razão, ao passo que a África é o local dado às estruturas sensitivas e intuitivas. Lugar onde seus indivíduos detêm uma estrutura pré-lógica dominada pelas formas de representação coletivas estritamente dependentes da participação mística.

Ora, já vemos como alguns mitos vão sendo erguidos por, desculpe-me o leitor ter que frisar, *intelectuais brancos pagos para categorizar e definir*. Mitos que serão abraçados acriticamente inclusive por quase todos os membros da *Negritude*.

Assim, os estudos etnológicos empreendidos por uma antropologia interessada terminam num etnocentrismo ideológico e conceitual como forma de controle das populações do continente. A naturalização etnográfica contribuiria para uma noção de *raça*[4] que seria coroada como uma forma de natureza irredutível e particularizada.

É nessa posição antinômica – entre uma capacidade de cognição lógica e uma pré-lógica – que mesmo teóricos da envergadura de Lévi-Strauss se veem no interior de uma armadilha implicada em descrever o Outro sem nele reconhecer-se. No entanto, se, por um lado, os problemas levantados pelo grandioso Lévi-Strauss ficam às voltas com a antinomia produzida pelo conhecimento antropológico, por outro, ele

---

4. Ao reduzir o corpo e o ser vivo a uma questão de aparência, de pele ou de cor, outorgando à pele e à cor o estatuto de uma ficção de cariz biológico, os mundos euro-americanos em particular fizeram do Negro e da raça duas versões de uma única e mesma figura, a da loucura codificada (MBEMBE, *op. cit.*, p. 11).

é o primeiro a demonstrar a não existência de selvagens contrapostos aos civilizados.[5]

Com arcabouço filosófico as noções do Outro e de si-mesmo utilizadas por Lévi-Strauss já não são meras sombras de uma *epistème* vazia, mas estruturas conceituais que partem da relação sociossimbólica concreta. Nesse sentido, as análises de Strauss são uma superação que retira da Europa "civilizada" o monopólio da razão e cultura.

Sem Lévi-Strauss, ficam expostos os pressupostos da adesão romântica e hiperfetichista de uma África desenhada e narrada por uma antropologia que tinha sobretudo a missão civilizatória de domesticação do "primitivo". *A invenção da África* redefiniu o quadro teórico e consequentemente a ação política no interior dos ignorados países africanos. Comentá-la sinteticamente aqui serve para abrir caminhos à crítica do pensamento, sobretudo, diaspórico, que criou uma África imaginária ora como local de realização de um mundo sem exploração – à esquerda – ora como um local de soberania estatal guiado pelo componente identitário, quando não monárquico (Wakanda?) – à direita.

Uma África sensual e sensível, pré-lógica e marcada pela intuição foi o reino dos céus fornecido por uma literatura interessada no controle e na fundamentação racial. Esse mito se manteve e, infelizmente, no descompasso brasileiro em seu atraso em relação ao centro dos debates vem ganhando força ultimamente.

É fácil prever que os desdobramentos dessas ideias são mais dialéticos do que as considerações imanentes que se fa-

---

5. LÉVI-STRAUSS, C. *O pensamento selvagem*. Tradução de Tania Pellegrini. Campinas: Papirus, 1989.

zem sobre elas. Naturalmente, as delimitações colonizadoras do que vem a ser *África* quando tomadas pelos colonizados foram, em raríssimos casos, subvertidas em seu sentido.

Contudo, é agora, no momento em que escrevo, que um novo tipo de questionamento começa a ser esboçado e ser reconhecido pela sua capacidade e alcance universal num registro realmente emancipatório (e aqui falo, sobretudo, de Achille Mbembe).

Uma ilusão necessária contra um mito perigoso

Quando vozes feéricas erguem bandeira a favor da proibição dos relacionamentos entre os povos, o cheiro de enxofre polui o ar e diante da pupila fantasmas mal desencarnados voltam a dançar.

Ora, chocar-se com esse tipo de posição não deveria ser monopólio apenas daqueles que lutam por uma sociedade igualitária e livre, senão de todos aqueles que conhecem minimamente um pouco de história. Sabemos onde isso acabou.

Há no argumento um construto lógico que aproxima rapidamente a inter-relação negro/branco do genocídio. De fato, a violência radical do processo de *miscigenação* não pode nem deve ser esquecida. O objetivo aqui é eliminar a ideia de que os relacionamentos atuais sigam os mesmos termos violentos do processo de colonização sem, contudo, cair na armadilha, igualmente funesta, de ver nos processos inter-raciais fonte de reconciliação racial. Nem tanto ao mar, nem tanto à terra. O que irá definir a superação do *status quo* definitivamente não serão os casamentos.

Se a própria noção de miscigenação carrega o estigma das raças e foi utilizado pelas elites como uma forma de ocultar a violenta discriminação por meio do mito da "democracia racial", também esse mito retirou da crítica a capacidade de pensar as possibilidades de superação efetiva do quadro proposto pelo colonialismo.[1]

Resta, contudo, claro que o processo de miscigenação foi acomodado pelos princípios positivistas que se baseavam na noção de inferioridade biológica e na aposta de uma limpeza étnica dos genes num longo prazo. Camuflou-se assim a violência sexual contra as mulheres negras e retirou-se do horizonte a concreta contribuição dos negros para o desenvolvimento da colônia.

Contudo, o processo cientificista positivista naufragou e a miscigenação resultou no maior contingente populacional negro fora da África. Já são 54% de negros no Brasil. População que vagueia pelas ruas sofrendo a violência diária da

---

1. A própria noção de "mulato" advém de um meio termo entre negro e branco. Como fica exposto na carta do racista João Lacerda: nem tão "inferior" quanto o negro, nem superior ao branco... É preciso lembrar como tais princípios estavam expostos no processo de republicanização do Brasil, acompanhando inclusive o lema da bandeira. Em seu "magnânimo" artigo dedicado ao Marechal Hermes da Fonseca, João Batista Lacerda, médico e cientista de "grata estirpe", assim finalizava: "a importação – sim como objeto – em uma vasta escala, da raça negra ao Brasil, exerceu influência nefasta sobre o progresso deste país: ela retardou por muito tempo seu desenvolvimento material, e tornou difícil o emprego de suas imensas riquezas naturais". LACERDA, João Batista. *Sobre os mestiços no Brasil*. Primeiro Congresso Universal das Raças. Londres. 26. 9 de julho de 1911. Logo se vê como a fundação e a tentativa de justificar a "mestiçagem" é tardia e veio para tentar aplacar um processo inexorável, tentando justificá-lo à sombra da ciência positivista. O artigo completo demonstra de forma factível todo o racismo envolto nas análises teóricas que justificavam práticas políticas voltadas em sua maioria para a separação entre raças. Nosso "valente" doutor – espero que tenhamos humor para entender ironias – foi lá para tentar demonstrar como o aspecto da mistura poderia ser bom a partir da aniquilação do componente negro da sociedade. Felizmente, faltou-lhe experimentação histórica.

polícia, que tem o "trabalho" de eliminar um dos maiores *exércitos de reserva de negros*[2] do mundo.

Aquilo que anima a crítica de Abdias do Nascimento é sua contraposição radical e produtiva à noção de "democracia racial". A tensão propriamente existente entre a miscigenação e o construto freyriano de uma lânguida mistura entre as raças que culminaria num paraíso racial são os termos que serão, com razão, demolidos pelas análises do autor de *Genocídio do negro brasileiro*.[3] A questão básica a ser vista é que não se pode opor simplesmente os dois extremos, *miscigenação/identidade*, e postular uma interação entre eles.

A vida tanto objetiva quanto subjetiva oscila entre uma negatividade radical perturbando o equilíbrio socialmente existente e impondo uma nova ordem sociocultural que busca estabilizar a situação. Quero dizer com isso que se, por um lado, Gilberto Freyre se prende em unilateralidade – por ter uma visão conservadora do processo e se apegar demasiadamente rápido à universalidade violenta e excludente, por outro, contrapor esses termos através de um apelo à manutenção da identidade, ainda que seja muito mais coerente e eficaz para a transformação efetiva da ordem excludente, reflui em unilateralidade se não ultrapassa as limitações da própria individualidade limitada ao interior da ordem estabelecida.

Por isso, há dois pontos interconectados que precisamos determinar:

---

2. Por *exército de reserva negro* entenda-se um dos maiores contingentes populacionais negros desempregados e precarizados do mundo.

3. NASCIMENTO, A. *O genocídio do negro brasileiro:* o processo de um racismo mascarado. Rio de Janeiro: Paz e terra, 1978.

1. A autoformação do ser, enquanto ser social, não reside apenas na adaptação a uma forma cultural pré-estabelecida, seja ela no continente africano ou nas colônias; essa formação ocorre quando se resiste aos próprios limites impostos por ela;

2. A própria noção de raça incide na cor por meio de uma espécie de necessidade ontológica vazia do *negro*: não basta falar ou confundir os dois termos, o negro e a constituição da ficção raça, é a identidade dos dois termos que indica uma contradição radical que dinamiza os processos sociais tanto na colônia, como no continente africano, como ainda na própria Europa.

Usando um refinado arsenal crítico, Abdias, porém, não conseguirá sair dessa dicotomia, que, embora traduza elementos produtivos e fecundos, algo como uma abertura crítica radical, o restringe à elevação fetichista da nacionalidade, da identidade e da preservação cultural como cerne da práxis política.

Com saudável iconoclastia, Nascimento desmonta o mito da *miscigenação* conservadora assentando sua análise no chão histórico. Como demonstra, sobre as mulheres negras sobejou o peso desse fetiche, porque foram elas as que mais sofreram os abusos sexuais na colônia.

É interessante notar que desde a década de 1960 até hoje houve um aumento de mais de 200% nos casamentos inter-raciais, que passaram de 8% na década de 1960 para 31% em 2010;[4] contudo, a estratificação social e um sexismo subja-

---

4. A pesquisa foi realizada para um pós-doutorado de Lia Vainer Schucman na USP em 2017, com apoio da Fundação de Amparo à Pesquisa do Es-

cente a esses casamentos permanecem sendo a toada das uniões. Sexismo porque a maioria dos casamentos são entre homens negros e mulheres brancas, algo como um troféu ou vingança tão bem explicitado por Fanon.[5] Estratificação social, porque eles ocorrem somente entre membros das classes populares, indicando o racismo na estrutura de classes.

Paradoxalmente a miscigenação atual é algo interno ao proletariado.

Como esta análise visa desnudar o que está presente na ordem do discurso, podemos concluir que o choque da maioria das pessoas frente à noção de antimiscigenação advém, sobretudo, da universalidade ideológica que a miscigenação diz promover. Acentuando a ideologia por detrás dessa noção, Abdias do Nascimento coloca sobre o teto a violência implicada no mito da "democracia racial".

Postula o mito que a sobrevivência dos traços da cultura africana na sociedade brasileira teria sido o resultado de relações relaxadas e amigáveis entre senhores e escravos. Canções, danças, comidas, religiões, linguagem, de origem africana, presentes como elemento integral da cultura brasileira, seriam outros tantos comprovantes da ausência de preconceito e discriminação racial dos brasileiros "brancos".[6]

Quando se desnudam as relações promíscuas e violentas que são ocultadas pelo termo *miscigenação* um curto-circuito parece ocorrer. A suposta universalidade parece conter a cor *branca* e funcionar com a total subordinação do negro

---

tado de São Paulo (FAPESP), colaboração de Felipe Fachim e supervisão de Belinda Mandelbaum, coordenadora do Laboratório de Estudos da Família do Instituto de Psicologia (IP) da USP.

5. FANON, *op. cit.*
6. NASCIMENTO, *op. cit.*, p. 55.

como um negativo indesejado. Assim, o negro fica fora do circuito fechado dessa universalidade, sendo aceito somente enquanto perda de si mesmo, enquanto negação de sua identidade.

Isso nos leva ao centro de nossos questionamentos: a identidade surge como resultado de um paradoxo entre o presente (conscientemente refletido) e um passado (memória). A rememoração é o componente fecundo que por meio do desvio pelo passado constitui nossa própria experiência do presente. Com efeito, a história – o cadáver – é disputada na formação da própria subjetividade. Abdias do Nascimento segue essa trilha agarrando-se ao resgate de uma individualidade despedaçada e suprimida.

Afirmo que a posição de Abdias do Nascimento é uma disputa firme e valente pelos cadáveres que sucumbiram no Oceano, mas é preciso ressaltar que a interação entre passado e presente precisa ser mais que "interações e relações", precisa de interpenetração e se tornar uma autorreferência capaz de abrir o horizonte para aquilo que era até então posto como impossível.

O que quero dizer é que se, por um lado, de fato a noção de miscigenação foi a borracha que visava apagar os crimes ocorridos no interior da colônia, cujos resultados estão impregnados no nosso cotidiano, por outro, essa demonstração não precisa incidir no retorno abrupto de uma identidade *não relacional*. A identidade é um fenômeno relacional que advém da interação entre conjuntos diferentes de atividades no mundo circundante. Ela é sempre aberta, historicamente determinada e algo passageiro.

Também as formas de controle sobre a cultura e religiosidade africana serão marcas da intransigente crítica de Abdias do Nascimento. A religião tornada caso de polícia, a explosão de terreiros, as prisões arbitrárias compõem o enredo surdo de uma desfaçatez que se une à ideologia alcunhada de "democracia racial". A perseguição que destituía o negro de seus recursos simbólicos torna-se razão de Estado que o impede de se achegar à compreensão de si mesmo.

O controle radical e violento exercido sobre as formas de expressão religiosa – para se ter uma ideia, os terreiros na Bahia só precisaram deixar de ser registrados na polícia em 1976[7] – foram uma forma de submeter o negro para que não pudesse resistir ao modo de vida imposto pelas formas de exploração e opressão colonizadoras. Essas máculas vieram acompanhadas da noção de sincretismo.

Tal noção oculta não só uma violência que desestrutura a própria matriz simbólica do negro, como oculta também um processo de resistência que vai sendo aos poucos elaborado a fim de manter vivas as tradições religiosas. Agarrado aos elementos constitutivos de sua religiosidade, o negro tenta manter sua estrutura, que, como resistência, provoca a suspeita do poder metropolitano, atingindo até mesmo a era republicana.

Esse passo dado por Abdias do Nascimento, embora tenha elementos que incidem numa reação ao choque cultural, ergue também uma disputa por essa cultura. É preciso, no entanto, salientar que o processo de autorreferência man-

---

7. NASCIMENTO, *op. cit.*, p. 105.

tida pela religião destacada do seu lugar originário designa o momento em que a atividade religiosa – e com ela a identidade – não circula mais em torno do local que a produziu, mas gera seu próprio "rito". A consciência negra passa a pôr a si mesma como algo *outro* do que fora, isto é, a produzir-se sob nova condição.

É essa impossibilidade teórica de Abdias do Nascimento, causada sobretudo porque parte das limitações concernentes à estrutura ligada à raça como elemento hipostasiado, que o faz cometer algumas idiossincrasias conceituais e o faz regredir perigosamente o escopo de abertura que sua própria crítica havia possibilitado.

Noutros termos, quando se aferra ao resgate puro de uma cultura impossibilitada, porque historicamente destroçada, nosso crítico fecha a abertura crítica, com implicações políticas seríssimas, que sua própria análise propicia. Em todo seu caminho, o vemos debater-se com esses limites e mesmo afirmar que somente por uma revolução as limitações da raça poderiam ser solapadas. No entanto, ele não sabe se essa revolução é racial ou social, embora chegue aos mesmos resultados de Marx no *Manifesto do Partido Comunista*:

O ponto de partida da classe dirigente branca foi a venda e compra de africanos, suas mulheres e seus filhos; depois venderam; o sangue africano em suas guerras coloniais; e o suor e a força africanos foram vendidos, primeiramente na indústria do açúcar, no cultivo do cacau, do fumo, do café, da borracha, na criação do gado. [...] "Venderam" os espíritos africanos na pia do batismo católico assim como, através da indústria turística, comerciam o negro como folclore, como ritmos, danças e canções. A honra da mulher africana foi negociada na prostituição e no estupro. Nada é sagrado para a civilização ocidental branca e cristã. Teria de chegar a vez da venda dos próprios deuses. De fato, os orixás estão sendo objeto de recentes e lucrativas transações.[8]

Este curto-circuito ocorre porque Nascimento tem uma noção identitária de identidade. Para ele sem identidade resta a alienação. Abdias não vê que a alienação é constitutiva da identidade como processo de organização vazia, contínua e permeada de colisões que a estruturam e a reestruturam. Nesse sentido, por vias outras comete o mesmo erro daqueles que veem a alienação como um empecilho para chegar ao ser *em-si*. Por isso, ele quer dar corpo à descorporizada *classe dirigente*, quer dar cor ao sistema de visibilidade que funciona sob o modo de exploração.

Isso marca a diferença radical entre Abdias do Nascimento e Frantz Fanon. Este último sabia que a substancialidade de qualquer significante perene que possa fundamentar uma plenitude do Eu está barrada pela própria forma como a consciência se põe no mundo. Ou melhor, é lançada no mundo.

Se a ilusão necessária de Abdias do Nascimento vai até a possibilidade de desnudar o tema tabu *democracia racial*, a partir do momento em que busca o império da identidade como não relacional, sua abordagem torna-se *reativa*, culminando na adoção utópica – ou seria distópica? – de um Estado africano *por vir*.

É assim que sua *análise estética*, reduzida sempre ao conteúdo explícito, torna-se equivalente à censura de Platão aos poetas. Se a forma artística tem autonomia quanto ao contexto e é uma tentativa de unir elementos dispersos e he-

---

8. NASCIMENTO, *op. cit.*, p. 119.

terogêneos no mundo e configurá-los pela sua união, num todo artístico criado, então ela responde por esse mundo demonstrando-o em toda a sua hipocrisia, paixão, vício e virtude.[9]

A autonomia da arte implica sua liberdade de trazer à luz aquilo que é produzido à sombra. Faz isso na reunião de elementos heterogêneos, dispersos e que indicam que não há sentido dado para a vida senão aquele produzido na ação humana. Por isso, quando Abdias condena os artistas negros por não se expressarem enquanto tais, perde de vista não só as possibilidades que se evidenciam nas formas impressas por esses artistas, como também recai num proselitismo rebaixado.

A obra de arte responde por seu mundo, se esse mundo é racista a obra de arte conterá tais elementos, ou subvertendo-os, ou demonstrando-os, ou ainda fazendo ambos. Impedida de chegar em tais conclusões, dado o ponto de partida identitário, a crítica de Nascimento a Machado de Assis é medíocre. Para ele, Machado de Assis é simplesmente um aculturado que privilegiou a classe média branca em suas obras.

Reduzindo a obra de Machado à superfície aparente – classe social e epiderme –, não consegue compreender as tensões e críticas radicais contidas na fina ironia de Machado de Assis. Nem sequer se dá conta da formação racista, hipócrita e violenta contida em seus personagens aparentemente brandos e eruditos. Quer dizer, Abdias do Nascimento não se dá conta da crítica mordaz machadiana, que desnuda as

---

9. LUKÁCS, G. *A teoria do romance*. São Paulo: Editora 34, 2010.

relações raciais cujo cinismo sangrento assenta as raízes de uma elite plutocrata e racista que se mantém no poder até hoje.[10]

Há, sem dúvida, diferença entre, por um lado, a busca da identidade (*relacional*) como fundamento de uma subjetividade atuante nos processos sociais e, por outro, o identitarismo (identidade hipostasiada) como elevação de características originárias que não podem "se misturar".

O discurso de Abdias do Nascimento se funda nessa tensão, que, ao afirmar a identidade e desnudar os mitos empreendidos pela "democracia racial", se vê atolado na busca de uma raiz inexistente. Como resultado, fundamenta um discurso ideológico cujo conteúdo ganha força material pelo seu vazio de significado e torna-se facilmente cooptável pelas forças hegemônicas.

São tais forças que com sua ideologia atestam a luta entre os conteúdos particulares promovendo a universalidade ideológica capaz de estabelecer uma organização social. Essa universalidade está sempre em disputa, daí a importância da afirmação da identidade desde que se veja nela um elemento evanescente, isto é, formado negativamente pelo embate com o *Outro* negativo. Como vimos, não é essa identidade que está em cena no desenvolvimento teórico de Nascimento.

Como parte de um pressuposto local e de uma identidade estanque, Abdias ignora as particularidades tanto dos descendentes de africanos da diáspora quanto daqueles negros em continente africano. A particularidade de um negro

---

10. A esse respeito o clássico ensaio de Schwarz ensina muito (SCHWARZ, R. *Um mestre na periferia do capitalismo*. São Paulo: Editora 34, 2000).

brasileiro fatalmente se contrapõe à particularidade de um negro em Angola. Na relação de ambos o elemento epidérmico se desfaz para se projetar o ambiente socioeconômico e cultural que forma suas individualidades. Fanon sempre ilustrou a diferença entre um negro da Martinica e outro de qualquer colônia, isto porque, contrariamente a Abdias do Nascimento, era anti-essencialista.

Uma crítica necessária

É interessante notar como as análises empreendidas e o apontamento sobre a violência colonial feitos por Abdias são verdadeiros no que se refere ao desmascaramento da ideologia da "democracia racial", enquanto os pressupostos por trás de suas conclusões, todavia, jogam no campo da integração como um componente afirmativo.

A integração do negro se baseia, desse modo, na prioridade da preservação da cultura, da tradição, dos costumes e do desenvolvimento identitário de sua particularidade.[1] Não é a exploração constituída pelo sistema, que arrancou os negros do continente africano, a chave da dominação e da exploração da população negra, segundo Nascimento, mas, sim, o "roubo" de sua identidade pelo embranquecimento social.

A questão sintomática da posição de Abdias do Nascimento é que a proclamação da diferença se limita ao quadro referencial posto. Ora, se muitas vezes "o desejo da diferença emerge precisamente dos lugares onde se vive mais intensamente a experiência de exclusão",[2] a possibilidade de ultrapassá-la, enquanto gesto de poder, necessita estar intrínseca a um projeto mais vasto.

---

1. O hipotético-leitor atento já percebeu que esta é a bula papal do integralismo...
2. MBEMBE, *op. cit.*, p. 304.

É natural que para aqueles que passaram pelo processo de dominação colonial e supressão de sua alteridade, a proclamação da diferença seja central, e daí o apelo da identidade. Entretanto, ela só pode ultrapassar seus limites quando se põe no sentido de endossar um mundo livre do peso da raça, que é, sobretudo, uma construção colonialista.

A raça, ao contrário das previsões otimistas do marxismo vulgar, foi tomada como componente estrutural no mercado de trabalho e não absorvida equitativamente por este. Abdias também sabia disso, todavia, restrito à metafísica da raça (metafísica, no sentido aqui atribuído, como um componente fetichista que impõe uma dinâmica social) busca reafirmá-la ao procurar integrar o componente racial como possibilidade de sanar a desigualdade.

E nesse ponto se encontra todo o construto que fecunda suas análises: Nascimento torna o conceito de raças *a-histórico*.

Quando faz o debate histórico, parte de uma unilateralidade latente cujo mérito foi o de desmontar a noção de "democracia racial". Quando parte para o debate econômico, para se livrar rapidamente da noção de luta de classes, entrega-se ao interior dos modos de operacionalização social efetivados pelo processo de produção e reprodução do capital sem questionar sua sociabilidade baseada na organização e divisão entre as raças, as classes e as nacionalidades.

Não sendo ingênuo suficiente para negar as divergências e complexas diversidades dos grupos africanos que foram arrancados de suas terras, Nascimento, para justificar seu pan-africanismo, necessita de um componente que possa unificá-los sem comprometer sua argumentação: *a religião*.

As chamadas "culturas irmãs", quer dizer, um grupo imenso e heterogêneo, são reduzidas à insígnia da oralidade e politeísmo. Tal como os primeiros etnólogos fizeram, parte-se aqui de um mito formulado pela "ciência". É, por fim, o Candomblé o sinal de unidade – mesmo havendo dicotomias entre os Yorubas, os Ewe do Benin e do Congo, etc.

A argumentação torna-se toda etnóloga e utiliza os elementos místicos como fundadores de uma nova forma de subverter o *status quo*. É óbvio que as religiões de matriz africana sofreram o policiamento grotesco enviesado por uma política racista. Defender a liberdade de culto é uma premissa básica para uma construção democrática.

Também a conclamação por um retorno aos vínculos orgânicos não é o problema em Abdias do Nascimento, senão sua formulação entre esse suposto retorno e a busca de uma mobilização tecnológica capaz de fundar uma ideologia corporativista estetizada: a busca de um Estado que põe para si mesmo o elemento de modernização radical ligado à defesa orgânica de vínculos étnicos.

Abdias do Nascimento, ao desnudar o racismo institucionalizado na sociedade brasileira, não vai além das premissas básicas. Não despe as relações de poder baseadas nas formas do desenvolvimento econômico que fundamentam as instituições. E embora questione a construção ideológica do racismo como uma forma necropolítica, que divide os cidadãos naqueles que podem ser mortos e os que não podem, reivindica a participação no projeto em que o capitalismo se torne mais humano e não racista.[3]

---

3. MBEMBE, A. *Necropolítica*: biopoder, soberania, estado de exceção, política da morte. São Paulo: N-1 Edições, 2017.

Parando a meio caminho, identifica a dominação como algo do branco europeu e em sua retórica não identifica o modo de sociabilidade capitalista como o cerne a ser combatido, senão a luta pela afirmação cultural como *leitmotiv* da "transformação" social.

Essencializando um inimigo por meio da epiderme, o poder derivado das forças econômicas em jogo desaparece e o capitalismo não é mais o problema, mas a ferramenta que se usa para a "manutenção racial branca".[4] Basta portanto tomar esse poder. Em sua argumentação culturalista e etnóloga, o que impede a integração do negro na vida coletiva é o não reconhecimento dos vínculos culturais e ideológicos entre os afrodescendentes da diáspora e os africanos.

Ora, tudo isso não quer dizer que Abdias não faça a crítica ao capitalismo. O problema é que ele oculta que o espírito foi transformado em capital no próprio continente africano e uma vez ocorrido o processo em que o termo *nativo* foi empregado para aqueles que estão enterrados em seu local de nascimento, não há retorno. O processo é irreversível.

Sabotando a roda violenta da história, Abdias do Nascimento crê na possibilidade de salvaguardar as origens de uma África existente somente nos delírios de etnólogos, como possibilidade de redimir inclusive o opressor:

A restituição aos africanos daquilo que era antes unicamente seu, neste momento histórico de crise aguda do capitalismo, apresenta necessariamente implicações de relevante função ecumênica. Pois uma vez mais a redenção do oprimido em sua plena consciência

---

4. NASCIMENTO, A. *Quilombismo*. São Paulo: Editora Vozes, 1980, p. 16.

histórica, torna-se em instrumento de libertação do opressor encurralado nas prisões a que foi conduzido pela ilusão da conquista.[5]

Para justificar suas posições, parte de uma premissa que traçará a rota de suas argumentações até o fim: *as culturas africanas*. Sem dizer o que são tais culturas ou demonstrar a multiplicidade de culturas existente no continente africano, o líder do MNU apenas dirá que elas estão fundamentadas na organização social coletiva, criatividade, redistribuição e propriedade de forma equitativa, princípios meramente liberais e atualmente bem-vindos. A propriedade não deixa de existir nas supostas "culturas africanas", muito embora propriedade seja um substantivo criado, mantido e defendido a ferro e fogo pelos colonizadores.

As culturas africanas são aquilo que as massas criam e produzem: por isso elas são flexíveis e criativas, assim como bastante seguras de si mesmas, a ponto de interagir espontaneamente como outras culturas, aceitando e incorporando valores científicos e/ou progressistas que por ventura possam funcionar de modo significativo para o homem, a mulher e a sociedade africana.[6]

Seja o que for, o entendimento de culturas africanas é genérico e não leva em conta a multiplicidade da África. A África para Abdias é um país, ou melhor, uma pátria. Seu projeto de unidade pan-africana é, sobretudo, nacionalista;[7] visa edificar o *ser nacional*:

---

5. *Idem*, p. 42.
6. *Idem*, p. 46.
7. A esse respeito é preciso assinalar que o Pan-Africanismo foi heterogêneo em suas posições políticas. A começar pelos seus principais idealizadores Marcus Garvey à direita do processo e William Edward Burghardt Du Bois à esquerda.

Na estrutura da presente fase da "ajuda técnica" as formas avançadas de tecnologia do capitalismo industrial, além de não cooperar na construção, em verdade instigam e promovem a penetração do capital monopolístico internacional e a alienação do autoconhecimento nacional. Esta "ajuda" tecnológica e científica estará apta a tomar os rumos da libertação somente quando os valores capitalistas que regem e regulam seus mecanismos não forem utilizados para deter o desenvolvimento da consciência dos povos e da independência nacional.[8]

Com tais posições, Abdias do Nascimento não era só contra o pensamento de Marx, ele era na verdade antimarxista.[9] Radicalmente contrário ao pensamento dialético que impõe, além de outras coisas, a necessidade de se mesurar o choque de culturas e o desenvolvimento histórico destas em suas trocas; para ele os intelectuais que partissem das análises de Marx fracassariam ao tentar compreender o desenvolvimento das raças. Hipostasiada a noção de raça em sua safra "conceitual", é óbvio que Nascimento vê em Marx um forte oponente ao seu misticismo retórico.

Segundo ele, foi "Marx [quem] substituiu a categoria humana dos africanos pela categoria econômica"[10] e não o capitalismo. E triunfante conclui: "não aceitamos que uma pura mágica conceitual possa apagar a realidade terrível da opressão dos brancos europeus contra todo continente e sua raça

---

8. *Idem*, p. 73.
9. Isso pode iluminar, a meu ver, suas escolhas e posições políticas durante o regime militar. Abdias do Nascimento preferiu o PDT ao PT – por este na época ser muito classista. Do mesmo modo, nunca se arrependeu de ter sido um integralista e foi até o fim coerente com sua posição juvenil, amadurecendo-a ao longo dos anos e encontrando no pan-africanismo, nacionalista e identitário, os resultados conceituais de que necessitava.
10. *Ibidem*.

negra"[11] apaga-se com isso o componente socioeconômico e no seu lugar Abdias do Nascimento ergue o princípio cultural essencialista. Não é o capital o problema, mas o branco europeu.

Ora, sabemos que o anseio por uma vida autêntica em comunidade não pode ser reduzido ao significante de anseios totalitários; há no caráter utópico e não ideológico dessa posição algo que deve ser afirmado. A dificuldade nessa posição é como tais anseios serão articulados e funcionalizados.

Se se partir de um ponto especifico ante a exploração totalizadora do capital (o domínio do capital financeiro, a "influência judaica", a "epiderme" dos indivíduos que compõem as elites, a "influência dos estrangeiros" no desmonte da nacionalidade, etc.,) fatalmente se deixará de engajar-se numa transformação estrutural para atuar no interior da limitação posta. É aquilo que João Bernardo chamou de revolta na/pela ordem.[12]

Ora, é exatamente por isso que a ilusão necessária proposta por Abdias do Nascimento, em seu desnudamento do racismo estrutural brasileiro, encontrou seus limites que precisam mais que nunca ser ultrapassados e criticados.

Por outro lado, não se pode jogar o bebê junto com a água, pois as tecnologias de reificação do negro conduziram a processos históricos que o dilaceraram em sua humanidade. Por isso, a noção que Abdias Nascimento tem sobre as políticas de reparação se aproxima daquela necessidade, vislumbrada por Mbembe, de recuperação social dos laços

---

11. *Ibidem.*
12. *Cf.* BERNARDO, J. *Labirintos do fascismo:* na encruzilhada da ordem e da revolta, 2015.

que foram quebrados e de instauração de uma alteridade recíproca, sem a qual a possibilidade de uma consciência comum do mundo estaria vedada.

Ao pé do muro

Somos convidados pelas circunstâncias históricas a desafiar os limites socialmente impostos. A cada vinte e três minutos um jovem negro é assassinado neste país.[1] No momento em que as balas do Estado perfuraram o corpo frágil de Marielle[2] acabou-se qualquer ilusão com as limitações da representatividade. Nossa resiliência enfim se esgotou.

Se "o processo histórico foi, para grande parte da nossa humanidade, um processo de habituação à morte do outro",[3] teremos que reinventar o próprio sentido de comum, superando as lesões sem deixar cicatrizes, por meio da partilha de nosso destino.

O ato soberano de definir, num *horizonte decrescente de expectativas*,[4] quem morre ou quem vive se realiza com a morte de centenas de negros. A necropolítica realizada diuturnamente, num país que jamais abandonou sua posição de periferia, carrega em seu jardim regado a sangue o sonho de modernização e progresso.[5]

---

1. Mapa da Violência da Faculdade Latino-Americana de Ciências Sociais (Flacso).
2. Marielle, a quinta vereadora com mais votos no Rio de Janeiro, era negra, lésbica, socialista e ativista dos direitos humanos; foi assassinada logo após ser nomeada para monitorar a intervenção federal no Rio de Janeiro e denunciar a violência policial.
3. MBEMBE, *op. cit.*, p. 305.
4. ARANTES, *op. cit.*
5. MBEMBE, *op. cit.*

É a situação que ganha através dos saberes divergentes que ela suscita, diz Isabelle Stengers,[6] e, se ela estiver correta, a situação atual solapou nossos referenciais teóricos; nossos saberes até aqui foram coniventes e buscaram atuar nas limitações sistêmicas. Ignoramos até ontem o aumento do assassinato da juventude das periferias; essa ignorância cobrou seu preço e, infelizmente, com mais sangue.

A política reduzida à antipolítica, isto é, uma forma de guerra permanente na qual o elemento democrático é esvaziado em nome das "limitações" econômicas enviesadas pela busca do lucro *ad infinitum*, impõe ao grosso da população a morte como resolução dos possíveis *conflitos vindouros*.

É preciso revisitar nosso entendimento sobre a noção de soberania e como, no Brasil, essa noção, longe de buscar a autonomia dos indivíduos, foi somente a instrumentalização dos corpos em prol da valorização do capital imposta por uma elite econômica composta por Bentinhos – ou melhor, por piratas em busca de lucro. O Estado aqui foi sempre *Estado de exceção*.[7]

Se, contudo, Achille Mbembe estiver certo e a noção de negro estiver sendo apartada da condição epidérmica, doravante o elemento revolucionário é o negro. É para ele que os imperativos contra-insurgentes e as guerras de ocupação são perpetrados. Do Rio de Janeiro à Palestina, da Turquia a Afrin, passando pela Catalunha e pelos desabrigados de Detroit, essa condição parece se perpetuar. A intervenção fede-

---

6. STENGERS, I. *No tempo das catástrofes* – resistir à barbárie que se aproxima. São Paulo: Cosac Naify, 2015.
7. Isto é liberal na aparência, conservador e racista na realidade.

ral que cerca a favela, relembrando os velhos guetos poloneses, é somente mais um indício dessa "tendencial universalização da condição negra."[8]

Se o negro se tornou sobretudo uma condição de experimentar a si mesmo como forma de vida imposta pela "gestão dos destroços do presente",[9] ou ele se torna radicalmente anticapitalista ou não será nada.

Isto, porque "a raça foi a sombra sempre presente sobre o pensamento e a prática das políticas do Ocidente, especialmente quando se trata de imaginar a desumanidade de povos estrangeiros – ou dominá-los".[10] Excepcionalmente numa posição em que se supere essa forma de política condicionada e condicionante pela morte, poderemos exercer a indiferença pelas diferenças num horizonte de revolução social.

Em uma época na qual a forma de aparição do negro foi redefinida em função da configuração geral das hostilidades do Império do mercado, a mais lamentável confusão diz respeito à "regressão identitária". Nesse sentido, a perda da ilusão concernente à desalienação radical é a pedra de toque de uma nova interpretação.

Já sabemos haver uma alienação radical, que é constitutiva da nossa própria ordem simbólica. Ordem essa que impõe que nossa verdade esteja fora de nós mesmos; uma linguagem que descentra nossa identidade. Se somos descentrados, a única centralidade possível é um gesto de verdade

---

8. MBEMBE, 2014, p. 16.
9. ARANTES, *op. cit.*, p. 91.
10. MBEMBE, 2016, p. 128.

que nos torne sujeitos na busca por um destino comum. Um sonho podado pela realidade que nos atravessa, impondo a necessidade de ultrapassá-la. Portanto, não temos ilusões.

Nem a identidade, nem a universalidade, nem a classe constituirão um novo horizonte. Mas a relação entre esses limites. Não se trata da busca de um paraíso perdido, mas da construção de possibilidades do que era impossível a partir da compreensão de nossas condições de possibilidade.

É nesse momento que rememorando nosso terrível passado podemos redefinir as coordenadas do presente:

Qualquer relato histórico do surgimento do terror moderno precisa tratar da escravidão, que pode ser considerada uma das primeiras instâncias da experimentação biopolítica. Em muitos aspectos, a própria estrutura do sistema de colonização e suas consequências manifesta a figura emblemática e paradoxal do estado de exceção. Aqui, essa figura é paradoxal por duas razões. Em primeiro lugar, no contexto da colonização, figura-se a natureza humana do escravo como uma sombra personificada. De fato, a condição de escravo resulta de uma tripla perda: perda de um "lar", perda de direitos sobre seu corpo e perda de status político. Essa perda tripla equivale a dominação absoluta, alienação ao nascer e morte social (expulsão da humanidade de modo geral). Para nos certificarmos, como estrutura político-jurídica, a fazenda é o espaço em que o escravo pertence a um mestre.[11]

Noutros termos, estivemos enquanto colônia até agora na vanguarda dos processos de terror e controle social empregados pelo Estado. Sabemos disso, sentimos em nossa pele diariamente. Nossos mortos já somam muitos milhões.

---

11. MBEMBE, 2016, p. 131.

Doravante se trata do esforço por uma verdadeira democracia que não se sustente mais na economia predatória do capital, da qual emanam as formas de gestão da barbárie.

É necessário empurrar o ídolo ladeira abaixo.

As formas de gestão do capital em sua fase manipulatória[12] não são apenas monopólios das grandes transnacionais. Elas invadem o espaço geográfico das cidades; determinam o ritmo empenhado ao lucro pelo fetiche; congregam vidas em torno do seu objetivo; objetivam a vida dos indivíduos reduzindo-os ao currículo e invadem sua subjetividade dilacerada pelo modo de operação da linguagem.

A política moderna vinculada à esfera das demandas econômicas tornou-se uma política de resultados determinada pelo nível de investimentos e o esperado retorno. Enquanto isso, ela exerce o ato soberano sobre quem vive e quem morre com intuito de conter as insurgências. A polícia é o braço assassino dessa política que paradoxalmente torna a condição negra algo universal.

Não há mais política, somente polícia. Os espaços de discussão "democrática" reduzem-se à discussão sobre a manutenção do lucro e a redução dos danos que incidem no corte abrupto dos direitos da maioria da população. Todos os partidos apegados à gramática e ao *modus operandi* da situação a-histórica do capital – "já não há mais futuro" - tornaram-se partidos da ordem. Grande parte do movimento negro dominado por dinheiro de fundações torna-se partícipe dessas prerrogativas.

---

12. ALVES, G. *Trabalho e subjetividade:* o espírito do toyotismo na era do capitalismo manipulatório. São Paulo: Boitempo, 2011.

Ainda que os partidos de esquerda sejam vítimas do ato soberano imposto pela oligarquia, só podem superar a sua condição se superarem sua limitação, ou seja, ultrapassarem as limitações de um órgão burocrático guiado pela gestão das demandas do capital e organização interna.

O capital nunca cessou sua guerra aos opositores e se a mão invisível do mercado é leve com seu riso de raposa nos países centrais, nas antigas colônias, ao sul do globo, rege sua população com mão de ferro, eliminando à bala todos os que contestam sua hegemonia. Sob o disfarce de guerra ao tráfico se elimina, com pólvora e chumbo, um contingente populacional preto e supérfluo anestesiado por uma violência estatal constante que sustenta e se sustenta pelo narcotráfico e contrabando de armas promovidos pelo próprio Estado.

No horizonte de desgraças, se "como instrumento de trabalho, o escravo tinha um preço e como propriedade tinha um valor",[13] na era das expectativas decrescentes ele torna-se um excedente que precisa ser eliminado. O mundo espectral de horrores e crueldade fundamentado pela tecnologia da morte já pode quantificar do espaço aéreo os gastos que se podem ter com o míssil ao assassinar de uma vez cinquenta ou mais possíveis insurgentes. A condição negra chegou à Palestina e sua neocolonização imposta por Israel. A condição negra se expressa no extermínio das forças revolucionárias de Afrin sob um silêncio implacável dos países civilizados. A condição negra se expressa na expulsão de famílias dos EUA pela etnologização da política. A condição negra se

---

13. MBEMBE, 2016, p. 131.

expressa no assassinato de crianças em favelas pelas balas "perdidas" da polícia militar.

Implacavelmente, os gestores da miséria avançam como um colosso indestrutível cedendo aos seus lacaios benesses e espalhando *think tanks* para jovens ovelhas que queiram se ajoelhar ao seu império. Ao mesmo tempo, mantêm, inseparável de sua política, o ódio fomentado pela divisão racial e nos arcaísmos de sua estrutura impõem a luta intestina pela sobrevivência no mercado de trabalho. Esse é o papel que a esquerda durante muito tempo representou: convencer os milhões de miseráveis que o sistema ainda é viável.

Contra essa situação de miséria atual somente uma organização negra – entendida aqui como condição universalizada – capaz de confrontar a gramática e estabelecer desde já alternativas que se coloquem além das formas estatais/capitalistas de controle poderá ser efetiva. A união de todos os explorados, dos párias e da plebe, e não a unidade programática, é a única forma de responder à altura os desafios que a ofensiva do capitalismo impõe.

Se o fantasma das gerações passadas pesa na consciência dos vivos, não há motivo para nostalgia das formas carcomidas por duzentos anos de capital. O desbloqueio do novo é tarefa dos que se voltam contra a universalidade do capital e que compreendem que só com sua superação será possível uma vida digna. Nós negros sabemos o que essa universalidade nos impôs e continua impondo...

Já passou o tempo de choramingar e encontrar prazer numa melancolia eterna que, nostálgica, se lembra dos velhos tempos democráticos. Foi no lombo do negro que a república se perpetuou, elidindo de si a participação do negro, assassinando-o friamente pela fome ou pela arma. Foi no lombo do negro que o significante vazio de democracia se tornou uma ponte ideológica para que, sob os olhos civilizados da Europa, países fossem invadidos e crianças fossem assassinadas.

É sob o capitalismo que os direitos humanos servem para apresentar um homem que já não tem mais nada e olha desesperado o seu filho cruzar a fronteira sozinho. É em nome disso que moradores são cercados pelo exército na maior favela do mundo, enquanto a burguesia nacional nos seus jornais se orgulha de dar essa lição ao "mundo civilizado". É em nome dessa política que uma companheira foi assassinada na segunda maior cidade do país. E estão procurando quem foi. Sabemos quem foi. Todos sabem!

Disputar esse significante vazio é tarefa urgente: de que democracia estamos falando? Precisamos de um pastor ou deixaremos nosso destino nas mãos de oligarquias? São esses limites ou seremos capazes de implodi-los? A democracia radical – livre dos modos de existência do capital – será negra ou não será, o *devir-negro do mundo* precisa ser subvertido. A transformação será obra daqueles que efetivamente construíram este país.

Está na hora de novamente reivindicarmos a violência fanoniana: como uma prática de ressimbolização social advinda da ruptura radical com a estrutura sociossimbólica atual. É através da violência escolhida e não mais sofrida que como colonizados poderemos obter uma reviravolta sobre nós mesmos e nosso destino. Revolução é sofrimento.

Só assim nos libertaremos do colonialismo psíquico e objetivo que engendrou neste país forças fundamentalmente necropolíticas animadas por um instinto genocida e disseminadas pelo modo de sociabilidade competitivo e classista do capital. Só assim deixaremos de produzir mártires e só assim deixaremos de nos ocupar com os tons de nossa epiderme. Só assim estaremos aptos a viver nossas vidas com todas as nossas potencialidades. Só assim criaremos um mundo em que caibam todos os outros.

APÊNDICE

Contra o retorno às raízes:
identidade e identitarismo no centro do debate

A exaltação da identidade como algo fixo, absoluto, algo dado, pré-existente, e não relativo é a pura expressão da forma de valorização do capital como fim em si mesmo, que precisa assegurar para alguns indivíduos uma colônia ainda viável de exploração.

Temos assistido no mundo, nos últimos anos, a um tsunami conservador que, mediante a falta de perspectivas sólidas e alternativas concretas à esquerda, criou uma miscelânea sincrética de sabedoria oriental com filosofice barata, visando promover uma espécie de autoajuda para "rebeldes".

No Brasil, porém, cujo recorte constitutivo-social, historicamente, é africano e indígena – mas também, europeu – essa *new wave* se apropriou de temas caros a essas matrizes culturais criando uma espécie de romantismo conservador adaptável ao mercado, que propõe uma espécie de retorno às origens e se marca pelo resgate de um local místico inexistente que fora ultrajado.

Este pequeno ensaio é não apenas para anunciar o óbvio – o lugar místico jamais existiu –, como também, para demonstrar como tais caracteres já estão domesticados por aquilo que dizem contestar. Essa posição deve ser bem definida, pois visa marcar uma contraposição ao identitarismo que grassa no *movimento negro* nos últimos anos.

Sendo seu autor militante – ainda que desconhecido e sem almejar alguma posição de liderança ou de falso guru – desse movimento, acredita que o debate pode ser feito para se recuperar a matriz contestatória dele. Além disso, o autor tem razões profundas para crer que o *movimento negro*, em sua heterogeneidade, é uma das únicas forças capazes de indicar uma superação efetiva das relações baseadas no capital nestes tristes trópicos.

Uma hipótese básica da ofensiva neoliberal está em retomar os pressupostos ideológicos da fundamentação estanque do indivíduo.

O Eu=Eu na sua perversa reatualização ante a nova conjuntura estrutural do capital, a partir da década de 1970, encontra agora sua realização. Não há mais um Outro que não seja o *si* da consciência, e se acaso houver um Outro – como sempre há – deve ser reconhecido como imagem e semelhança do Eu. Usar as mesmas roupas, cabelos, etc. – a despeito do espectro político.

Sendo importante a discussão sobre identidades, ela, no entanto, se estabelece atualmente em dois ramos dissidentes: um, cujo universal está posto e do qual as determinações particulares são harmônicas, visto que estão subsumidas ao universal; e outro, cuja luta pela manutenção da singularidade é central, pois, supostamente, o universal tornou-se inviabilizado.

Contrariando as palavras de Frantz Fanon, segundo o qual o "indivíduo deve tender ao universalismo inerente à condição humana",[1] essa segunda posição, tão limitada

---

1. FANON, F. *Pele negra, máscaras brancas*. Salvador: EDUFBA, 2008, p. 32.

quanto a primeira, ergue-se num subjetivismo irracionalista apostando na particularidade e na luta por territorialização dos espaços facilmente manipuláveis.

Sob o pretexto de que as regras da antiga lógica, da classificação, do raciocínio e da definição não convêm às novas descobertas em diversos campos do conhecimento, passou-se a dissertar arbitrariamente ao sabor da sentimentalidade e das intuições. Como, por isso, não se pôde ir além da reflexão abstrata e das relações entre grupos, obedece-se a processos habituais de linguagem e criação conceitual numa literatura que tem por sentido somente enriquecer a si mesma, tal como os antigos metafísicos tentavam desvendar o sexo angelical e desenvolviam um jargão próprio aos iniciados.

Foi, dessa maneira, que alguns conceitos foram hipostasiados e pararam de comunicar qualquer sentido que não seja aquele identificado por grupos de afetos e interesses comuns. A especialização das áreas e a moderna divisão do trabalho intelectual nas academias decerto têm nisso o seu quinhão.

Sendo as Ideias, entretanto, algo capaz de ganhar força material, a confusão de conceitos de última hora ligados à conjuntura específica – que, quanto mais específica e privada for, melhor – converteu-se numa salada indigesta. Nada novo no horizonte, porém. Invadida pelo "jornalismo", a "filosofia" se tornou a senhora dos comentários especializados de última hora no *feed de notícias* do Facebook.

Esta sensaboria consiste essencialmente em fundamentar o pensamento e a reflexão no sentimento imediato, na suposta "conjuntura", no entusiasmo e na amizade. Se apega ao mais íntimo e ao mais pessoal, abandonando o rigor de ver cada momento, em síntese, determinar o concreto. Mediante tais resultados, abraça-se o místico da vez e, com a ruptura de qualquer estrutura *simbólica* coerente, abraça-se aquilo que mais se parece com o meu-Eu.

Esse remédio atual dispensa o esforço da cognição e inteligência. Joga no campo dos sentimentalismos. O sentimento ingênuo e militante se limita à verdade publicamente reconhecida com confiante convicção de que está no lado certo do caminho certo. A esta atitude, porém, a diversidade de opiniões se opõe, e num átimo tudo não passa de posicionamento político e questão de a qual grupo eu pertenço.

Esse fosso pantanoso historicamente produzido não é, contudo, inédito. Também não é inédito o elogio da estupidez, da ignorância como ferramenta política, do logro – em todo caso fascista –, da desconfiança contra os intelectuais e o saber científico. A eloquência com que a vulgaridade se pavoneia é assustadora. Claro está que há razões fundamentadas socialmente para que chegássemos a este passo da estupidez ser reverenciada em escala mundial.

O pensamento especulativo, todavia, tem ainda na filosofia sua guarida. E se os adeptos de máximas ou de *teorias da última hora* lhe torcem o nariz é porque a reflexão exige que a preguiça e a desonestidade intelectual sejam afastadas. A reflexão é contrária ao obreirismo desesperado e às fugas na militância virtual ou real que engendram subcelebridades como gurus dos novos tempos.

Isso também é política. Seria talvez a hora de resgatar a tarefa necessária e vital da reflexão sobre a atividade científica e da teoria como forma de ação. Assim, se atualmente os holofotes se voltam para essa velha e caduca senhora chamada filosofia, talvez, seja porque ela tenha muito a dizer numa época em que o fracasso da *ficção simbólica* induz os indivíduos a se apegarem a vários *simulacros imaginários*, retornando reacionariamente para uma postura religiosa e emotiva.[2]

Como dizia Frantz Fanon: "Para nós, aquele que adora o preto é tão 'doente' quanto aquele que o execra. Inversamente, o negro que quer embranquecer a raça é tão infeliz quanto aquele que prega o ódio ao branco."[3]

Sabemos que a filosofia tem como tarefa reposicionar os problemas, não resolvê-los. Cabe a ela investigar o desenvolvimento dos conceitos e não os produzir. Ao filisteu não nos toca convencê-lo dessa tarefa, mas àqueles que ainda acreditam que o pensamento e a reflexão são capazes de suplantar o subjetivismo romântico e obscurantista que atualmente circunda todos os meridianos ideológicos.

Também a crítica e a ciência são filhas de seu tempo, e o tempo traz velhos problemas à sombra de novos contextos. As teorias da identidade ressurgidas, sobretudo, a partir dos anos 1970, cujo apogeu se dá nos anos 1990, invocam o colapso da modernização com o processo final de globalização; o processo final de colonização capitalista das mentes e corações sai das formas organizacionais fordistas e passa para as formas do toyotismo manipulatório. Desapareceu com esse colapso a *ficção simbólica* com suas normas proibitivas que lança uma nova forma de *ideal imaginário superegóico*. Noutras palavras, na total ausência de um Deus, outros deuses surgem – sucesso social, busca pelo corpo perfeito, iden-

---

2. *Cf.* ŽIŽEK, S. *O Sujeito Incômodo*: o centro ausente da ontologia política. São Paulo: Boitempo, 2016.
3. *Ibidem*, p. 35.

tidade estanque –, e o corpo passa a ser avaliado como empresa...

Não é à toa que formas reacionárias com suas ferozes figuras do supereu tenham ressurgido. Inversamente proporcional, as noções à direita pan-africanistas, pan-eslavistas, pan-europeias ascendem nessa tendência da subjetividade pós-moderna permissiva. Os simulacros imaginários de uma recuperação do elo perdido e sagrado contribuem para uma noção de pureza, em todo caso inexistente, mas que ganha, pelo seu caráter narcisista, centenas de milhares de adeptos. Narciso gosta do que é espelho, dizia o cantor popular.

Quando um dito grupo pan-africanista impediu – como a extrema direita – diversos outros participantes de hastearem sua bandeira contra a escravidão na Líbia em nome da pureza e dos tons de pele daqueles que participavam, já estava aceso o alarme de incêndio dessas práticas, cujo simulacro imaginário reacionário era a verdade.[4]

É interessante notar como os revisionistas querem impor e reduzir sob a égide de "pan-africanismo" à direita todos as manifestações e organizações do povo preto, por meio de diversos malabarismos conceituais. É interessante notar igualmente que aquilo que se convencionou chamar de "pan--africanismo" foi um modelo fundado em solo inglês. Seus adeptos em solo tupiniquim silenciam sobre seus problemas, adaptando suas ideias sem ao menos criticá-las. Só para se ter ideia, Muammar Al Kadhafi era um pan-africanista no interior da Unidade Africana que buscava, com seus pares especuladores, criar um Banco Central para imprimir uma moeda continental.

---

4. Disponível em: <*https://bit.ly/2FG0nfF*>.

Sinalizar isso, se nada revela sobre o problema em si, traz a necessidade de se refletir sobre o desdobramento da própria noção do que é ser negro. Quando Fanon diz que o negro não é um homem (*ibidem*), já deixa muito evidente a condição de não-sujeito imposta ao negro. É aqui que precisamos refletir sobre a incompletude do sujeito moderno e a indeterminação *pária* do negro como um *não-sujeito*. Lembrando-se ainda que a incompletude do sujeito moderno não é um "privilégio", senão, nas palavras do filósofo, uma "descida aos verdadeiros Infernos", é preciso refletir como as promessas da revolução burguesa foram todas abortadas.

A própria noção de negro é uma identidade criada a partir de um universo de exclusão do qual o homem negro precisa se retirar. Fanon, como bom hegeliano que era, sabia que a luta do *homem de cor* era se liberar de si próprio. Isso não quer dizer um retorno mítico às raízes ou a um continente que jamais existiu senão em referência direta aos colonizadores. Silenciar sobre as posições francamente reacionárias de um Garvey não me parece de bom tom. Criar um Estado militarizado em nenhuma época ou lugar foi algo emancipatório.

Contrariamente, é interessante notar como na concepção de Fanon a universalidade efetiva é o poder do negativo, que traz para sua verdade todas as particularidades, submetendo-as e destruindo-as no processo. A contingência é então a verdade desse processo e isso detém um significado fundamental: o universal é a experiência mediadora da separação entre objetividade e subjetividade, ao passo que a totalidade é a experiência da incompletude dessa individualidade.

Tal concepção só pode estar intrincada nas teias do pensamento especulativo do qual Fanon era legítimo conhecedor. A palavra de ordem é assim a destruição revolucionária da própria noção de raça: *Eu não sou seu negro* é a tendência emancipatória no interior do pensamento de Fanon. Nenhuma dessas panaceias identitárias consegue engolir – ainda mais se tivermos como ponto de referência os estudos "radicais" afro pós-colonialistas que aportaram por aqui – a ideia fundamental de Fanon do caráter inevitável da violência no processo concreto de descolonização. É claro que isso não se dará com a consolidação de nenhum Estado, senão com a própria destruição do sistema que criou a escravidão moderna.

Então, como ficará claro adiante, utopia não é lutar pelo fim do capital, mas acreditar que ele possa propiciar um horizonte de expectativas crescentes que englobem aqueles que ele mesmo relegou como párias – e aqui cabem as mulheres, LGBTs, negros, indígenas, etc.

Hoje setores preguiçosos e mal-intencionados no interior do movimento negro – que é, em todo caso, felizmente, heterogêneo – buscam uma inversão desse prognóstico: para eles o capitalismo, que se estruturou pelo racismo e exclusão de grandes contingentes populacionais, um dia acordará de bom humor e deixará de ser racista e excludente.

Para desmistificar essa posição é interessante notar como o capitalismo brasileiro em sua relação de subordinação ao capital global acabou por determinar uma superexploração do trabalho, que caiu, ao longo dos anos, sobretudo, nas costas da população negra. O capital não só criou a noção contemporânea de raças, inexistentes por exemplo durante a Idade Média, como na moderna divisão do mercado de trabalho internacional e nacional regulou os espaços supostamente "adequados" para cada tipo de raça. Florestan Fernandes em seu clássico *A integração do negro na sociedade de classes* demonstra que "o que há de essencial, para a análise do negro na ordem econômica e social emergente, é que eles foram excluídos, como categoria social das tendências modernas de expansão do capitalismo".[5]

Ora, é justamente esse desenvolvimento excludente que vai não só fomentar a estruturação das áreas periféricas como ainda interferir na designação de lugares para trabalhadores negros na estrutura produtiva. Assim, a questão da exclusão racial é absorvida pela estrutura produtiva do capital, que a utiliza como parâmetro na contratação de mão-de-obra.

É por isso que algumas tendências teóricas chegarão à lúcida conclusão de que no Brasil *o racismo é estrutural*. Isso significa dizer que a ordem político-econômica desenvolvida por aqui tem seus lastros contraditórios na passagem da escravidão para o trabalho livre. Dado o histórico dessa passagem, o legado da escravidão é o que constituirá a forma de exploração do trabalho pelo capital que será inserida em toda a estrutura econômico-social.

Assim, a manutenção das relações sociais no interior do capital se deu por aqui em sua correspondência direta com o escravismo, legando uma diferenciação na classe trabalhadora, que fica evidente, sobretudo, por meio dos salários. Segundo estudo divulgado pelo Departamento Intersindical de

---

5. FERNANDES, F. *A integração do negro na sociedade de classes*. São Paulo: Globo, 2008, p. 72.

Estatística e Estudos Socioeconômicos (Dieese), em 2013, o negro brasileiro recebia em média salários 36,11% menores que o branco.

A coisa é ainda pior para a mulher negra, que ganha um terço do salário dos brancos e metade do salário de um homem negro. Não obstante, na maioria das vezes as mulheres negras ocupam o setor de serviços domésticos cuja porcentagem é de 19,2% comparada a 10,6% de mulheres não negras. Tais dados demonstram que a estruturação do mercado de trabalho detém um componente de racialização, legado da escravidão, que em tempos de precarização fatalmente incidirá negativamente sobre essa população.

Lutar por tais demandas, isto é, pela equiparação dos salários, é obviamente uma demanda classista. Dada a estruturação racializada do mercado de trabalho brasileiro, tal demanda aponta para além de si própria ao desnudar as relações promíscuas e indecentes do sistema liberal. Não apenas isso, mas se levarmos em consideração que a população negra no Brasil é de 53,6% veremos então que ela compõe a quase totalidade da classe trabalhadora.

Sendo assim, se as questões negras em seu pertencimento e necessidade foram deixadas de lado, historicamente, pela esquerda nacional, o que pode ser posto nas costas do marxismo tradicional, que, em sua formulação histórica, foi estritamente dogmático, abandonando a própria perspectiva da análise crítica. Por outro lado, algumas ideias "fora do lugar" que adentraram aqui por meio dos estudos culturalistas tiveram o seu quinhão que atualmente causa grande confusão, deixando margem para o obscurantismo. É a partir disso que temos que refletir sobre a noção de identidade.

Atualmente o conceito de identidade não recai simplesmente numa ânsia de rigor meramente filológico. Sua força atual se afirma porque se mostra como uma necessidade concreta devido a uma série de fenômenos sociais problemáticos que se assentam sobretudo porque, abarcando muito além do processo produtivo e se desenvolvendo para além dele, o processo de *valorização do capital* tendeu a realizar-se superando o próprio movimento e suprimindo cada vez mais o espaço-tempo determinado pela produção e reprodução da mercadoria.

Isso explica duas coisas: a) *a chamada crise do valor*, pois, (I) o processo produtivo altera pouco a afluência da realização do capital, já que passa a ocorrer um valor-sem-valor – isto é, a busca da realização do lucro numa relação em que se joga dinheiro para obter mais-dinheiro (D-D'); (II) ocorre a quebra e queda geral dos níveis de reprodução da força de trabalho, que, por sua vez, cada vez mais, fica precarizada, e (III) instala-se um estado de crise permanente como forma de governo; b) *o modo como esse processo estrangula o próprio "processo"*, quer dizer, como as tendências mais harmônicas do processo de produção, na reprodução do capital como fim em si mesmo, são solapadas, tornando patente que a violência é desencadeada em várias frentes, quer seja pela *despossessão*,[6] quer seja pela superexploração do trabalho.

Daí que é preciso observar as diferenças entre a noção de identidade, como um ponto de verdade que possibilita o desenvolvimento contraditório da subjetividade sempre em devir, e das práticas identitárias num sentido particularista, não relacional e estanque em si mesmas, que vêm assegurar

---

6. Essa noção é de David Harvey.

a possibilidade de inclusão nesse processo, visto que o terreno próprio das lutas fordistas desapareceu. A noção identitária marcada como fim em si já é, paradoxalmente, o fim da subjetividade. Ela já é a identificação da própria identidade com os modos de gestão do capital (*poder*).

A exaltação da identidade como algo fixo, absoluto, algo dado, pré-existente, e não relativo, é a pura expressão da forma de valorização do capital como fim em si mesmo, que precisa assegurar para alguns indivíduos uma colônia ainda viável de exploração. É esse fenômeno que busca uma identidade estanque, ideal e não relativa, um Eu=Eu, como forma inconsciente de realização de valorização do capital, que chamo de identitarismo.

Por outro lado, implodida a esperança com qualquer afirmação representativa no interior da ordem constituída, vislumbra-se uma possibilidade emancipatória concernente à identidade. Sabemos que desde Antígona é a posição da identidade intransigente que põe abaixo todo o edifício universal dando a este uma nova forma. Por isso, a superação só pode ser efetivada naquilo que as palavras de Fanon ilustram bem:

Eis na verdade o que se passa: como percebo que o preto é o símbolo do pecado, começo a odiá-lo. Porém constato que sou negro. Para escapar ao conflito, duas soluções. Ou peço aos outros que não prestem atenção à minha cor, ou, ao contrário, quero que eles a percebam. Tento, então, valorizar o que é ruim – visto que, irrefletidamente, admiti que o negro é a cor do Mal. Para pôr um termo a esta situação neurótica, na qual sou obrigado a escolher uma solução insana, conflitante, alimentada por fantasmagorias, antagônica, desumana enfim, – só tenho uma solução: passar por cima deste drama absurdo que os outros montaram ao redor de mim, afastar estes dois termos que são igualmente inaceitáveis e, através de uma particularidade humana, tender ao universal.[7]

Fanon chama a atenção para a possibilidade de solapar a universalidade que constitui essa particularidade como algo excludente. Noutros termos, não há possibilidades reais de superação das tendências racistas do capital no jogo que ele próprio impôs. Por outro lado, a particularidade do negro tem em si a potencialidade de suplantar essa condição não aceitando os termos postos a partir da reivindicação de sua própria particularidade.

Donde se destacam duas conclusões importantes, e aqui encerro: 1) utopia é acreditar que o capital – que se fundamentou por meio da escravidão moderna – deixará de ser racista; 2) a identidade como componente de reivindicação em seu caminho ao universal irá se dissolver enquanto tal a partir do momento em que sua posição se tornar universal. Desse modo, o evanescimento da identidade faz parte desse processo, não há uma individualidade incorruptível porque ela é social e historicamente determinada. Todos, portanto, independentemente de cor e religião, são bem-vindos à luta pela emancipação e podem hastear sua bandeira. A solidariedade comum e pelo comum continua sendo o caminho.

---

7. FANON, *ibidem*, p. 166.

Índice onomástico

Adorno, Theodor W., 27, 30, 41
Alves, Castro, 13
Alves, Giovanni, 137
Andrade, Mario de, 16
Arantes, Paulo E., 14, 17, 78, 133, 135
Arendt, Hannah, 17, 101
Assis, Machado de, 25, 36, 122

Balibar, Étienne, 77
Bauman, Zygmunt, 44, 50
Bernardo, João, 131
Bonifácio, José, 36
Buffon, Conde de, 28
Butler, Judith, 93, 97

Candido, Antonio, 99
Césaire, Aimé, 106
Clinton, Hillary, 84
Cossetin, Vânia Lisa Fischer, 92, 93
Cruz, Victoria Santa, 63, 64

Diderot, Denis, 28, 31
Diop, Alioune, 81, 82

Fanon, Frantz, 14, 17, 19, 31, 38, 39, 41–43, 46–53, 55–61, 63, 64, 66, 67, 69, 71–82, 85, 92, 93, 98, 104, 106, 117, 121, 124, 146, 149, 151, 152, 156, 157
Faustino, Deivison Mendes, 79
Fernandes, Florestan, 96, 153
Fichte, Johann Gottlieb, 43, 75
Filho, Sílvio Rosa, 56
Franco, Marielle, 13, 133
Freud, Sigmund, 16
Freyre, Gilberto, 115

Gomes, Anderson, 13
Gonzalez, Lélia, 89
Grespan, Jorge, 77

Hall, Stuart, 44
Harvey, David, 45, 155
Hasenbalg, Carlos, 89
Hegel, G. W. Friedrich, 35, 41, 43, 59, 70, 98

Horkheimer, Max, 27, 30

Jappe, Anselm, 100
Jesus, Carolina Maria de, 13

Kant, Immanuel, 42, 43

Lacerda, João Batista, 114
Lemos, Patrícia do Prado Ferreira, 16
Lévi-Strauss, Claude, 109, 110
Lukács, György, 122

Mannoni, Maud, 55
Maran, René, 49, 50, 53
Marx, Karl, 49, 120, 130
Mbembe, Achille, 21, 22, 25, 30, 32, 33, 37, 38, 43, 71, 79, 91, 109, 111, 125, 127, 131, 133–136, 138
Montabert, Jacques-Nicolas Paillot De, 29
Mudimbe, Valentin-Yves, 103, 107, 108

Nascimento, Abdias do, 13, 104, 105, 115–128, 130, 131

Negras, Panteras, 104

Oliveira, Francisco de, 15

Platão, 121

Rancière, Jacques, 83

Santos, Frei David, 79
Santos, Gislene Aparecida dos, 31, 81
Sartre, Jean-Paul, 25, 43, 65, 69–73, 75, 76
Schwarz, Roberto, 123
Seale, Bobby, 87
Silva, Luiz Ben Hassanal Machado da, 36
Sousa, Otávio Tarquínio de, 36
Stengers, Isabelle, 134

Turgot, Anne Robert Jacques, 32

Voltaire, 22, 28, 31, 38

Wallerstein, Immanuel, 77

Žižek, Slavoj, 97, 102, 149

COLEÇÃO HEDRA

1. *Iracema*, Alencar
2. *Don Juan*, Molière
3. *Contos indianos*, Mallarmé
4. *Auto da barca do Inferno*, Gil Vicente
5. *Poemas completos de Alberto Caeiro*, Pessoa
6. *Triunfos*, Petrarca
7. *A cidade e as serras*, Eça
8. *O retrato de Dorian Gray*, Wilde
9. *A história trágica do Doutor Fausto*, Marlowe
10. *Os sofrimentos do jovem Werther*, Goethe
11. *Dos novos sistemas na arte*, Maliévitch
12. *Mensagem*, Pessoa
13. *Metamorfoses*, Ovídio
14. *Micromegas e outros contos*, Voltaire
15. *O sobrinho de Rameau*, Diderot
16. *Carta sobre a tolerância*, Locke
17. *Discursos ímpios*, Sade
18. *O príncipe*, Maquiavel
19. *Dao De Jing*, Lao Zi
20. *O fim do ciúme e outros contos*, Proust
21. *Pequenos poemas em prosa*, Baudelaire
22. *Fé e saber*, Hegel
23. *Joana d'Arc*, Michelet
24. *Livro dos mandamentos: 248 preceitos positivos*, Maimônides
25. *O indivíduo, a sociedade e o Estado, e outros ensaios*, Emma Goldman
26. *Eu acuso!*, Zola | *O processo do capitão Dreyfus*, Rui Barbosa
27. *Apologia de Galileu*, Campanella
28. *Sobre verdade e mentira*, Nietzsche
29. *O princípio anarquista e outros ensaios*, Kropotkin
30. *Os sovietes traídos pelos bolcheviques*, Rocker
31. *Poemas*, Byron
32. *Sonetos*, Shakespeare
33. *A vida é sonho*, Calderón
34. *Escritos revolucionários*, Malatesta
35. *Sagas*, Strindberg
36. *O mundo ou tratado da luz*, Descartes
37. *O Ateneu*, Raul Pompeia
38. *Fábula de Polifemo e Galateia e outros poemas*, Góngora
39. *A vênus das peles*, Sacher-Masoch
40. *Escritos sobre arte*, Baudelaire
41. *Cântico dos cânticos*, [Salomão]
42. *Americanismo e fordismo*, Gramsci
43. *O princípio do Estado e outros ensaios*, Bakunin

44. *O gato preto e outros contos*, Poe
45. *História da província Santa Cruz*, Gandavo
46. *Balada dos enforcados e outros poemas*, Villon
47. *Sátiras, fábulas, aforismos e profecias*, Da Vinci
48. *O cego e outros contos*, D.H. Lawrence
49. *Rashômon e outros contos*, Akutagawa
50. *História da anarquia (vol. 1)*, Max Nettlau
51. *Imitação de Cristo*, Tomás de Kempis
52. *O casamento do Céu e do Inferno*, Blake
53. *Cartas a favor da escravidão*, Alencar
54. *Utopia Brasil*, Darcy Ribeiro
55. *Flossie, a Vênus de quinze anos*, [Swinburne]
56. *Teleny, ou o reverso da medalha*, [Wilde et al.]
57. *A filosofia na era trágica dos gregos*, Nietzsche
58. *No coração das trevas*, Conrad
59. *Viagem sentimental*, Sterne
60. *Arcana Cœlestia e Apocalipsis revelata*, Swedenborg
61. *Saga dos Volsungos*, Anônimo do séc. XIII
62. *Um anarquista e outros contos*, Conrad
63. *A monadologia e outros textos*, Leibniz
64. *Cultura estética e liberdade*, Schiller
65. *A pele do lobo e outras peças*, Artur Azevedo
66. *Poesia basca: das origens à Guerra Civil*
67. *Poesia catalã: das origens à Guerra Civil*
68. *Poesia espanhola: das origens à Guerra Civil*
69. *Poesia galega: das origens à Guerra Civil*
70. *O chamado de Cthulhu e outros contos*, H.P. Lovecraft
71. *O pequeno Zacarias, chamado Cinábrio*, E.T.A. Hoffmann
72. *Tratados da terra e gente do Brasil*, Fernão Cardim
73. *Entre camponeses*, Malatesta
74. *O Rabi de Bacherach*, Heine
75. *Bom Crioulo*, Adolfo Caminha
76. *Um gato indiscreto e outros contos*, Saki
77. *Viagem em volta do meu quarto*, Xavier de Maistre
78. *Hawthorne e seus musgos*, Melville
79. *A metamorfose*, Kafka
80. *Ode ao Vento Oeste e outros poemas*, Shelley
81. *Oração aos moços*, Rui Barbosa
82. *Feitiço de amor e outros contos*, Ludwig Tieck
83. *O corno de si próprio e outros contos*, Sade
84. *Investigação sobre o entendimento humano*, Hume
85. *Sobre os sonhos e outros diálogos*, Borges | Osvaldo Ferrari
86. *Sobre a filosofia e outros diálogos*, Borges | Osvaldo Ferrari
87. *Sobre a amizade e outros diálogos*, Borges | Osvaldo Ferrari
88. *A voz dos botequins e outros poemas*, Verlaine

89. *Gente de Hemsö*, Strindberg
90. *Senhorita Júlia e outras peças*, Strindberg
91. *Correspondência*, Goethe | Schiller
92. *Índice das coisas mais notáveis*, Vieira
93. *Tratado descritivo do Brasil em 1587*, Gabriel Soares de Sousa
94. *Poemas da cabana montanhesa*, Saigyō
95. *Autobiografia de uma pulga*, [Stanislas de Rhodes]
96. *A volta do parafuso*, Henry James
97. *Ode sobre a melancolia e outros poemas*, Keats
98. *Teatro de êxtase*, Pessoa
99. *Carmilla — A vampira de Karnstein*, Sheridan Le Fanu
100. *Pensamento político de Maquiavel*, Fichte
101. *Inferno*, Strindberg
102. *Contos clássicos de vampiro*, Byron, Stoker e outros
103. *O primeiro Hamlet*, Shakespeare
104. *Noites egípcias e outros contos*, Púchkin
105. *A carteira de meu tio*, Macedo
106. *O desertor*, Silva Alvarenga
107. *Jerusalém*, Blake
108. *As bacantes*, Eurípides
109. *Emília Galotti*, Lessing
110. *Contos húngaros*, Kosztolányi, Karinthy, Csáth e Krúdy
111. *A sombra de Innsmouth*, H.P. Lovecraft
112. *Viagem aos Estados Unidos*, Tocqueville
113. *Émile e Sophie ou os solitários*, Rousseau
114. *Manifesto comunista*, Marx e Engels
115. *A fábrica de robôs*, Karel Tchápek
116. *Sobre a filosofia e seu método — Parerga e paralipomena (v. II, t. I)*, Schopenhauer
117. *O novo Epicuro: as delícias do sexo*, Edward Sellon
118. *Revolução e liberdade: cartas de 1845 a 1875*, Bakunin
119. *Sobre a liberdade*, Mill
120. *A velha Izerguil e outros contos*, Górki
121. *Pequeno-burgueses*, Górki
122. *Um sussurro nas trevas*, H.P. Lovecraft
123. *Primeiro livro dos Amores*, Ovídio
124. *Educação e sociologia*, Durkheim
125. *Elixir do pajé — poemas de humor, sátira e escatologia*, Bernardo Guimarães
126. *A nostálgica e outros contos*, Papadiamántis
127. *Lisístrata*, Aristófanes
128. *A cruzada das crianças/ Vidas imaginárias*, Marcel Schwob
129. *O livro de Monelle*, Marcel Schwob
130. *A última folha e outros contos*, O. Henry
131. *Romanceiro cigano*, Lorca

132. *Sobre o riso e a loucura*, [Hipócrates]
133. *Hino a Afrodite e outros poemas*, Safo de Lesbos
134. *Anarquia pela educação*, Élisée Reclus
135. *Ernestine ou o nascimento do amor*, Stendhal
136. *A cor que caiu do espaço*, H.P. Lovecraft
137. *Odisseia*, Homero
138. *O estranho caso do Dr. Jekyll e Mr. Hyde*, Stevenson
139. *História da anarquia (vol. 2)*, Max Nettlau
140. *Eu*, Augusto dos Anjos
141. *Farsa de Inês Pereira*, Gil Vicente
142. *Sobre a ética – Parerga e paralipomena (v. II, t. II)*, Schopenhauer
143. *Contos de amor, de loucura e de morte*, Horacio Quiroga
144. *Memórias do subsolo*, Dostoiévski
145. *A arte da guerra*, Maquiavel
146. *O cortiço*, Aluísio Azevedo
147. *Elogio da loucura*, Erasmo de Rotterdam
148. *Oliver Twist*, Dickens
149. *O ladrão honesto e outros contos*, Dostoiévski
150. *O que eu vi, o que nós veremos*, Santos-Dumont
151. *Sobre a utilidade e a desvantagem da história para a vida*, Nietzsche
152. *A conjuração de Catilina*, Salústio

«SÉRIE LARGEPOST»

1. *Dao De Jing*, Lao Zi
2. *Cadernos: Esperança do mundo*, Albert Camus
3. *Cadernos: A desmedida na medida*, Albert Camus
4. *Cadernos: A guerra começou...*, Albert Camus
5. *Escritos sobre literatura*, Sigmund Freud
6. *O destino do erudito*, Fichte
7. *Diários de Adão e Eva*, Mark Twain
8. *Diário de um escritor (1873)*, Dostoiévski

«SÉRIE SEXO»

1. *A vênus das peles*, Sacher-Masoch
2. *O outro lado da moeda*, Oscar Wilde
3. *Poesia Vaginal*, Glauco Mattoso
4. *Perversão: a forma erótica do ódio*, Stoller
5. *A vênus de quinze anos*, [Swinburne]

COLEÇÃO «QUE HORAS SÃO?»

1. *Lulismo, carisma pop e cultura anticrítica*, Tales Ab'Sáber
2. *Crédito à morte*, Anselm Jappe
3. *Universidade, cidade e cidadania*, Franklin Leopoldo e Silva
4. *O quarto poder: uma outra história*, Paulo Henrique Amorim
5. *Dilma Rousseff e o ódio político*, Tales Ab'Sáber
6. *Descobrindo o Islã no Brasil*, Karla Lima

Adverte-se aos curiosos que se imprimiu este livro em nossas oficinas, em 7 de março de 2019, em tipologia Libertine, com diversos sofwares livres, entre eles, LuaLaTeX, git & ruby.
(v. e6bff7b)